Max Reger

kleine bayerische biografien

herausgegeben von
Thomas Götz

MICHAEL SCHWALB

Max Reger

Der konservative Modernist

Verlag Friedrich Pustet
Regensburg

kleine bayerische biografien

Biografien machen Vergangenheit lebendig: Keine andere literarische Gattung verbindet so anschaulich den Menschen mit seiner Zeit, das Besondere mit dem Allgemeinen, das Bedingte mit dem Bedingenden. So ist Lesen Lernen und Vergnügen zugleich.
Dafür sind gut 100 Seiten genug – also ein Wochenende, eine längere Bahnfahrt, zwei Nachmittage im Café. Wobei klein nicht leichtgewichtig heißt: Die Autoren sind Fachleute, die wissenschaftlich Fundiertes auch für den verständlich machen, der zwar allgemein interessiert, aber nicht speziell vorgebildet ist.
Bayern ist von nahezu einzigartiger Vielfalt: Seinen großen Geschichtslandschaften Altbayern, Franken und Schwaben eignen unverwechselbares Profil und historische Tiefenschärfe. Sie prägten ihre Menschen – und wurden geprägt durch die Männer und Frauen, um die es hier geht: Herrscher und Gelehrte, Politiker und Künstler, Geistliche und Unternehmer – und andere mehr.
Das wollen die KLEINEN BAYERISCHEN BIOGRAFIEN: bekannte Personen neu beleuchten, die unbekannten (wieder) entdecken – und alle zur Diskussion um eine zeitgemäße regionale Identität im Jahrhundert fortschreitender Globalisierung stellen. Eine Aufgabe mit Zukunft.

DR. THOMAS GÖTZ, Herausgeber der Buchreihe, geboren 1965, lehrt Neuere und Neueste Geschichte an der Universität Regensburg. Veröffentlichungen zu Stadt und Bürgertum in der Neuzeit.

Inhalt

Vorwort

Geburts- und Sterbejahr von Max Reger (1873–1916) fallen so zufällig wie bedeutungsvoll mit den Koordinaten von Aufstieg und Niedergang des Deutschen Kaiserreichs zusammen. Nach der Reichsgründung 1871 und den sogenannten »Gründerjahren« mit ihren rasanten technischen und wissenschaftlichen Entwicklungen steigerte sich die materialistische Fortschrittsgläubigkeit in der nach dem letzten deutschen Kaiser benannten Epoche des »Wilhelminismus« zum selbstüberschätzend muskelspielenden Rüstungswahn, einem wesentlichen Auslöser des Ersten Weltkriegs, nach dessen Ende 1918 in Europa nichts mehr so sein sollte wie zuvor. Wie sehr Reger in dieser Umbruchzeit verhaftet war, stellte der hellsichtige jüdische Musiker, Intendant, Kritiker und Schriftsteller Paul Bekker im Nekrolog der legendären Wiener Musikzeitschrift *Musikblätter des Anbruch* fest: »Auch Max Reger traf das Verhängnis, zwischen zwei Zeitaltern leben zu müssen.« Sein kompositorischer Weg führte nach einer musikalischen »Aufrüstung« in eine Innerlichkeit, die quer steht zu den Tendenzen der Zeit. Dabei gründeten seine Entwicklung und sein »Fortschritt« auf musikalischer Rückschau: Er sah Johann Sebastian Bach als »Anfang und Ende aller Musik« und orientierte sich im musikalischen Richtungsstreit der Zeit nicht an der Schule der »Neudeutschen« um Richard Wagner (1813–83), Franz Liszt (1811–86) und Richard Strauss (1864–1949), sondern am Gegenpol des scheinbar konservativen Johannes Brahms (1833–97).

Meine erste und wichtigste Reger-»Erweckung« verdanke ich, als Schüler Cellist im Landesjugendorchester NRW, unserem verehrten Dirigenten Martin Stephani (1915–83), der beim letzten Reger-Vertrauten Fritz Stein (1879–1961) studiert hatte. Stephani war einer der vorbildlichsten und lautersten Musiker, der als Direktor der Detmolder Musikhochschule mehrere Musikergenerationen nachhaltigst geprägt und mit unbestechlichen künstlerischen Maßstäben ausgestattet hat. Er erarbeitete mit uns jungen Musikern Regers *Mozart-Variationen*, und wir erlebten dabei eine nicht nur musikalisch-technische, sondern geradezu körperliche Vereinnahmung durch die Musik, die durch die Proben- und Konzerterlebnisse durch uns hindurchlief und sich tief in die Seele einbrannte.

Mein Dank gilt an dieser Stelle Johannes Geffert, dem wunderbaren Organisten und Musiker, für mannigfache Anregung. Jürgen Schaarwächter vom Max-Reger-Institut, kundiger Experte nicht nur in Sachen Reger, fühle ich mich verbunden durch manch kritische Ermunterung. Die Gespräche mit Herta Müller, der langjährigen Gralshüterin der gloriosen Meininger Musikgeschichte, innerhalb derer die Tätigkeit Regers einen eindrucksvollen Höhepunkt bildet, haben mich in Anspruch und Ethos ihrer Arbeit zur Nachahmung verpflichtet.

Nicht nur in dieser Hinsicht ist Susanne Popps opus summum *Werk Statt Leben*, als erste kritischen Standards genügende Reger-Biografie 100 Jahre nach seinem Tod zu Beginn des Gedenkjahres 2016 veröffentlicht, Maßstab und Richtschnur; dieser Großtat sei meine kleinformatige Arbeit an die Seite gestellt.

1 Kindheit und erste Weltberührung (Weiden und Wiesbaden 1873–1901)

Am 19. März 1873 wurde Max Reger in Brand im Fichtelgebirge geboren und drei Tage später in der katholischen Kirche des Nachbarorts Ebnath auf den Namen Johann Joseph Maximilian getauft. Neben dem Stammhalter Max sollte nur die Schwester Emma (1876–1944) das Erwachsenenalter erreichen; die drei Brüder Theodor (geboren 1875), Alexander (1877) und Robert (1879) starben jeweils nach wenigen Tagen oder Monaten. Die Mutter Philomena stammte aus einer plötzlich verarmten Oberpfälzer Gutsbesitzer- und Unternehmerfamilie; der Vater Josef, aus einfachsten Verhältnissen kommend, hatte sich zum Volksschullehrer emporgearbeitet. 1874 wurde er an die »Präparandenschule«, eine Ausbildungsstätte künftiger Volksschullehrer, ins etwa 50 Kilometer entfernte Weiden versetzt. Das nach der Anbindung an das Eisenbahnnetz prosperierende Städtchen hatte »5000 Einwohner und 37 Gasthäuser!«, wie Max Reger 1892 schreibt, und war nicht nur seine Kindheitsheimat, sondern sollte ihm im Alter von 25 Jahren wiederum als familiärer Rückzugsort zum erzwungenen Exil nach dem Scheitern der in Wiesbaden erprobten Unabhängigkeit werden.

Regers Eltern waren durchaus musikalisch: Die ersten Klavierstunden erhielt Max von seiner Mutter, und der Vater unterrichtete Musiktheorie und spielte mehrere Instrumente. Im Alter von sechs Jahren konnte Max dank häuslicher Vorbildung sofort in die zweite Klasse der Volksschule eingeschult werden; als exzellenter Schüler besuchte er von 1882–86 die Realschule und anschließend von 1886–89 die Präparandenschule, womit ein späterer Besuch des Lehrerseminars in Amberg und eine Zukunft als Volksschullehrer vorgezeichnet schienen. Seine musikalische Begabung zeigte sich früh, weshalb er im Alter von elf Jahren bei dem 13 Jahre älteren Adalbert Lindner Klavierunterricht erhielt, einem früheren Schüler seines Vaters, der nun selbst als Volksschullehrer in Weiden

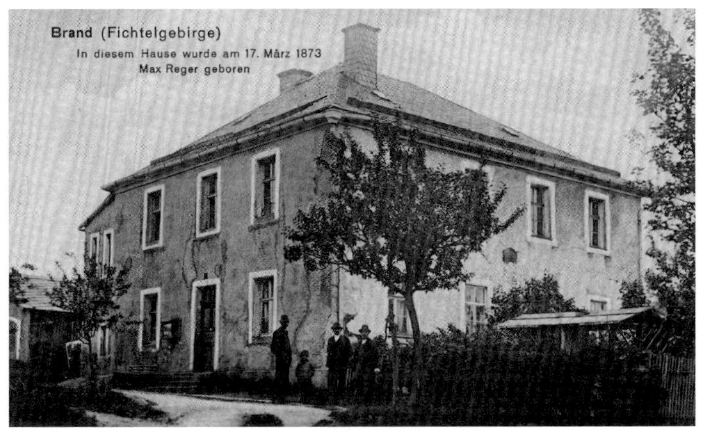

Regers Geburtshaus in Brand in der Oberpfalz, seinerzeit Schule

amtierte. Lindner, der nach Regers Tod seine Erinnerungen an dessen ansonsten spärlich bezeugte Weidener Jugend niedergeschrieben hat, war, wie zahlreiche Briefe zeigen, in jenen Jahren sein Vertrauter; er glaubte an die musikalische Zukunft des Jungen und setzte sich, auch gegen die Skepsis des Vaters, für eine entsprechende Ausbildung ein.

PRÄGENDE PATENGESCHENKE

Regers Taufpate war Johann Ulrich, ein begüterter Schwager der Mutter, der zwar in Wien lebte, aber in der Nähe von Regensburg das »Ökonomiegut« Königswiesen besaß, wo Max verschiedene Sommerurlaube verlebte. Aus dieser Zeit existieren Briefe an Lindner, die in der Beschreibung von Chormusik aus dem Regensburger Dom und des Spiels des Domorganisten bereits vom ausgeprägten musikalischen Urteilsvermögen des 14-Jährigen zeugen. Von seinem pianistischen Ehrgeiz und Geschick (wie vom avancierten Geschmack des Schenkers!) zeugt ein Brief des 13-Jährigen an einen Wiener Verwandten, in dem er sich für ein Notengeschenk von Wagners *Tristan-Vorspiel und Isoldes Liebestod* in der Klaviertranskription von Franz Liszt bedankt. Im selben Jahr 1886 trat Reger zum ersten Mal öffentlich auf und bewältigte ein haariges Programm

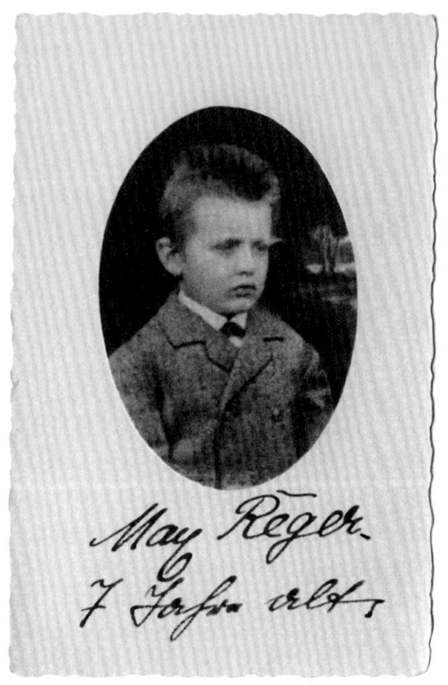

Max Reger im Alter von sieben Jahren

mit der Klaviersonate f-Moll von Julius Reubke, dem b-Moll-Scherzo op. 31 von Frédéric Chopin sowie Ludwig van Beethovens *Mondscheinsonate*. Auf der Orgel waren seine Fertigkeiten auch im liturgischen Spiel so weit gediehen, dass Lindner ihn ab 1886 bei den katholischen Gottesdiensten in der Stadtpfarrkirche spielen ließ. Da diese als Simultankirche auch von der evangelischen Bevölkerung Weidens benutzt wurde, ist Reger hier wahrscheinlich erstmals mit protestantischen Chorälen, die für sein späteres Schaffen so wesentlich werden sollten, in Berührung gekommen.

Als eigentliche musikalische Initiation hat Reger selbst das Patengeschenk eines Besuchs der Bayreuther Festspiele im Sommer 1888 bezeichnet. Er erlebte dort Wagners *Parsifal* unter der Leitung des später für ihn so wichtigen Dirigenten Felix Mottl (1865–1911) und *Die Meistersinger von Nürnberg*. »Als ich als fünfzehnjähriger Junge zum erstenmal in Bayreuth den ›Parsifal‹ gehört habe, habe ich vierzehn Tage lang geheult und dann bin ich Musiker geworden«, überliefert sein Lehrer Lindner. »Musiker geworden« heißt in Regers Fall: die Hinwendung und Berufung zur Komposition, die sich über die Herbstmonate sogleich in einer ausgedehnten kammermusikalischen *Ouvertüre* manifestierte. Seinen Wunsch, nach Abschluss der Präparandenschule im Jahr 1889 ein Musikstudium beginnen zu dürfen, lehnte der Vater allerdings strikt ab aus Furcht, Max werde in einer brotlosen Kunst Teil des musikalischen Proletariats.

ERSTE SCHRITTE AUF DEM MUSIKALISCHEN WEG

Doch in Adalbert Lindner hatte Reger einen tatkräftigen Verbündeten, der zwei bedeutenden Lehrern erste Kompositionen zur Begutachtung zuschickte: Hugo Riemann (1849–1919) in Hamburg und Josef Rheinberger (1839–1901) in München. Beide gaben ein verhalten positives Votum ab, wobei Ersterer schrieb, es sei wichtig, »daß Herr Reger (sic – Max war 15 Jahre alt) zuerst und vor allem sich in der Melodieentwicklung übt [...] um etwas länger denken zu lernen als Motive von vier Takten.« Reger folgte dieser Anregung in einem Werk, das, psychologisch interessant, eindeutig auf den Vater und dessen Hauptinstrument, den Kontrabass, zielte: Er komponierte ein erstes Streichquartett, versuchte sich also auf einem Terrain, das (auf einen vierstimmigen Satz reduziert) bewältigbar schien. In dem mit »Aufschwung« überschriebenen Finale dieses d-Moll-Quartetts lässt er, in Klangbild und Satztechnik völlig unmotiviert, dem Streichquartett einen Kontrabass hinzutreten, wie um den Vater einzubeziehen und musikalisch zu besänftigen.

Zwar hatte Riemann im November 1888 an Lindner geschrieben: »Bayreuth ist Gift für ihn«, aber noch stand Reger ganz im Banne Wagners. Im Sommer 1889, ein Jahr nach seinem Initiationserlebnis, schreibt er an Lindner aus dem erneuten Sommeraufenthalt auf dem Gut seines Patenonkels, eines eingefleischten Wagnerianers; der hatte sein Patenkind wohl wegen vermeintlicher satztechnischer Kühnheiten gerügt, denn Reger schreibt mit Verweis auf die musikalische Vorliebe des Onkels: »Dann wäre ja sein ganzer Richard Wagner zu verbrennen, aber nicht vorm Tore zu Wittenberg.« Reger gesteht Wagners Werk also eine ähnliche reformatorische Kraft zu wie dem Wirken Martin Luthers.

»DIE FUGENFORM HAT MICH GANZ GEFANGEN GENOMMEN«

Unter dem wachsenden Druck kompetenter musikalischer Urteile stellte der Vater seine Zweifel zurück, und Max konnte einen Studienaufenthalt bei Hugo Riemann in Angriff nehmen. Heute ist »der« Riemann vor allem als mehrbändiges Musiklexikon bekannt; damals schickte er sich gerade an, einer der bedeutendsten deutschen Musiktheoretiker und Lehrer zu werden. Da er soeben einen Posten am Konservatorium im thüringischen Sondershausen übernommen hatte, zog Reger im April 1890 nach Abschluss der Präparandenschule dorthin. Er wurde bei Riemann wie ein Sohn aufgenommen, nahm in der Familie regelmäßig Mahlzeiten ein, verbrachte viel Zeit mit seinem Lehrer und saugte begierig alle musikalischen und geistigen Anregungen auf.

Dabei absolvierte er ein strammes und ambitioniertes Pensum pianistischer Ausbildung; kompositorisch lenkte Riemann das Interesse des Jungen auf die Fertigkeiten in den alten musikalischen Formen: »[I]ch werde in den Ferien ein Streichquartett schreiben, das eine Hölle von Kontrapunkt werden wird (Finale: große Fuge). Ja die Fugenform hat mich ganz gefangen genommen«, schreibt er im Juni 1890 an Lindner. Fuge und Kontrapunkt sollten ständig wiederkehrende Merkmale auch in seinem reifen Schaffen bleiben.

In Sondershausen hörte Reger erstmals Symphonien von Beethoven und Johannes Brahms, von Letzterem die wenige Jahre zuvor in Meiningen uraufgeführte IV. Symphonie, deren Finalsatz, auf der barocken Form der Chaconne fußend, ihn aufs Höchste beeindruckte. Brahms war aufgrund seiner symphonischen Ästhetik im musikalischen Richtungsstreit des letzten Jahrhundertdrittels zur Gegenfigur von Richard Wagners operndramatischem »Gift« stilisiert worden. Unter Riemanns Einfluss vollzog Reger denn auch eine Wendung hin zu Brahms: »Brahms ist jetzt der, an den man sich halten kann; ich tue es aber auch«, heißt es wiederum an Lindner; »Brahms ist die große Walhalla, die wir heute haben!«, und dass ihm der »Brahmsnebel lieber sei als die Gluthitze von Wagner und Strauß!« Seine Orgelsuite op. 16 wird Reger 1896 an Brahms schicken und ihn bitten, ihm eine als op. 18 geplante Symphonie in h-Moll widmen zu dürfen. Brahms' Tod fand bei ihm unmittelbaren kompositorischen Niederschlag in dem Klavierstück *Resignation* op. 26,5, das er auch im Druck mit »3. April 1897, J. Brahms +« überschrieb und welches das Andante moderato aus dessen IV. Symphonie zitiert.

BOHEMIEN IN WIESBADEN

Riemanns rasante akademische Karriere führte ihn bereits nach wenigen Monaten weg von Sondershausen ins ungleich mondänere Wiesbaden, wohin Reger ihm ans dortige Konservatorium folgte. Die Briefe an seinen Vertrauten Lindner ins heimische Weiden spiegeln die Zerrissenheit des Jugendlichen, seinen Drang nach innerer Wahrhaftigkeit im Ringen mit den verführerischen Äußerlichkeiten. So suchte er sich von anderen Schülern Riemanns musikalisch abzugrenzen: »Phrasentum, inhaltloses Getue ist mir ein Greuel: immer muß die architektonische Schönheit, der melodische und imitatorische Zauber da sein.« Einerseits musste er »über die Modegeckerei lachen«, andererseits imitierte er Riemann und trug wie dieser mit Stolz einen breitkrempigen Schlapphut und notierte, dass die Wiesbadener »höllisch entsetzt« seien »über Max Reger, dessen neuer 13-Mark-Hut zwar sehr feiner Filz ist, aber auch ganz erstaunliche Dimensionen hat. Ich amüsiere mich nun köstlich über diese Klatscherei.« Gefährlich oft und prominent scheint bereits jetzt in den Briefen an Lindner der regelmäßige Konsum von Alkohol und Zigarren auf.

Schon früh assistierte er Riemann am Konservatorium und erhielt einen Vertrag als Lehrer für Orgel und Klavier. Außerdem konnte er auf Vermittlung Riemanns einen ersten Verlagsvertrag mit dem Londoner Verlag Augener abschließen,

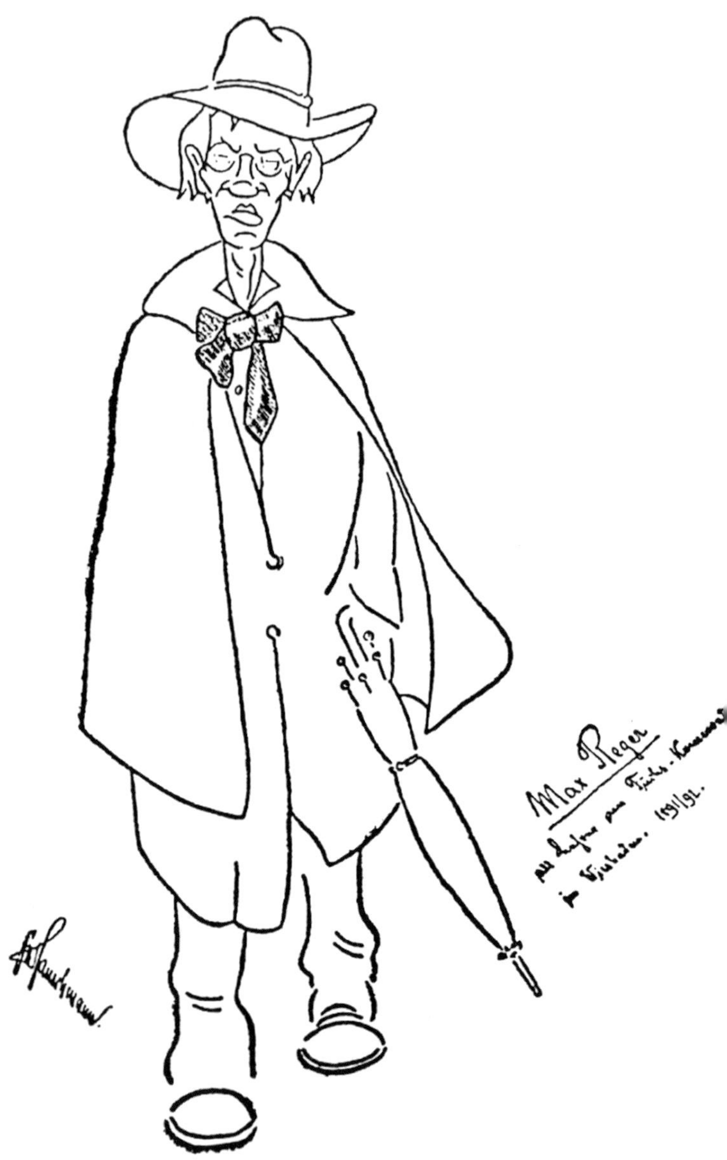

Reger als Lehrer am Konservatorium in Wiesbaden mit charakteristischem Schlapphut, 1891

dessen Inhaber in Wiesbaden zur Kur weilte und sofort die ersten Werke Regers in Druck nahm.

Neben seiner Beschäftigung am Konservatorium gab er auch private Klavierstunden, die ihn in das Haus der Auguste von Bagenski führten. Deren Tochter Elsa, 1870 geboren und damit drei Jahre älter als Reger, hatte 1891 den Offizier Franz von Bercken geheiratet; wenn Elsa, die gerne sang, ihre Mutter in Wiesbaden besuchte, begleitete Reger sie gelegentlich am Klavier.

Im Februar 1893 spielte Reger, noch nicht 20 Jahre alt, in seinem Prüfungskonzert den Solopart in Ludwig van Beethovens 4. Klavierkonzert und beendete damit erfolgreich seine Ausbildung am Konservatorium. Vorerst dachte er daran, ein Leben als Klaviervirtuose und Komponist zu führen; seinen Lebensunterhalt sicherten sein Unterricht am Konservatorium, seine Privatstunden, seine ersten Verlagshonorare sowie das gelegentliche Verfassen von Musikkritiken hingegen mehr schlecht als recht – zur großen Besorgnis seiner Familie in Weiden. Er gab sich Lindner gegenüber zunächst selbstsicher bis markig: »Ich glaube an keinen Genius, sondern an feste stramme Arbeit.« Der junge Musiker suchte die Öffentlichkeit und organisierte im Februar 1894 in der Reichshauptstadt Berlin sein erstes Konzert ausschließlich mit eigener Kammermusik; die Violinsonate op. 1, das Klaviertrio op. 2, die Cellosonate op. 5 und einige Lieder erlangten zwar die Anerkennung musikalischer Größen, etwa des Pianisten und Komponisten Eugen d'Albert (1864–1932) oder des Dirigenten Felix von Weingartner (1863–1942), fielen jedoch bei der Kritik als »überbrahmst« durch.

VEREINSAMUNG

Reger sollte sich sein ganzes Leben lang, auch noch in den Jahren des Erfolgs und der Anerkennung, zwischen Hybris und Verfolgungswahn hin- und hergerissen zeigen. In seine Briefe mischen sich nun erste Töne depressiver Vereinsamung, und durchwachte Nächte führten schnell zu Wahnvorstellungen; im März 1894 schrieb er aus Wiesbaden: »hier, wo man mich haßt und verdammt, mir jedmöglichen Stein des Hindernisses in den Weg legt«. Ob seines zuweilen groben Wesens wurde er von musikalischen und gesellschaftlichen Veranstaltungen ausgeschlossen, was er kommentierte: »[E]s ist mir vollkommen egal, was man von mir sagt, und habe allen Verkehr abgebrochen. Ich habe den mir hingeworfenen Fehdehandschuh aufgenommen.« Sein Traum war der einer zurückgezogen-schöpferischen Existenz wie der von Brahms, die er sich so vorstellte: »mit welcher Seelenruhe der alte Johannes in Wien sitzt und sein Pilsener trinkt, ruhig weiterkomponiert, sein Honorar einnimmt und im Sommer halt so ein bißchen Ausflüge macht.«

Die Gefahren seines Alkoholkonsums hatte er mittlerweile durchaus erkannt, allerdings verharmlosend als überwunden hingestellt: »[...] und auch solide bin ich geworden. In rein moralischer und sittlicher Beziehung war ich stets im höchsten Grade zurückhaltend und werde es auch stets sein, da ich es als eine der größten Gefahren betrachte, in dieser Beziehung nicht gut zu leben. Allein bisher hatte ich doch eines übersehen: nämlich die Gefahren des Alkohols. [...] ich merkte so nach und nach doch die schlimmen Folgen dieser Mannbarkeit im Trinken – und habe selbes – obwohl ich es leider diesen Sommer, wo sozusagen die ›Krisis‹ war, noch tat – jetzt eingestellt.« Doch die Familie in Weiden spürte genau, wie es um ihn stand. Schwester Emma wurde nach Wiesbaden ausgesandt, um den Bruder zur Rückkehr ins Elternhaus zu bewegen. Aber der war noch nicht so weit, aufzugeben, zu stark war der Drang nach einem unabhängigen Leben als freischaffender Künstler. Er sah eine Chance im Weggang des verehrten Lehrers Riemann an die Universität Leipzig, dessen gesamten Theorieunterricht in Wiesbaden er übernehmen konnte. In diese Zeit fällt auch die von Reger gesuchte Bekanntschaft mit Eugen d'Albert, Ferruccio Busoni (1866–1924) und Richard Strauss, deren kollegiale Anerkennung ihm Rückhalt gab gegenüber gesellschaftlicher Ignoranz und finanziellen Misserfolgen. Vor allem wurde er aber durch sein enormes Arbeitspensum stabilisiert; in Anlehnung an den berühmten Roman *20.000 Meilen unter dem Meer* schrieb er: »[U]m mit Jules Verne zu reden, 20 000 Meilen tief sitze ich in der Arbeit.«

Max-Reger-Institut Karlsruhe

Das Max-Reger-Institut/Elsa-Reger-Stiftung wurde im Oktober 1947 von Regers Witwe Elsa in Bonn, ihrem letzten Wohnsitz, gegründet. Der langjährigen Leiterin Dr. Susanne Popp gelang es, das Institut aus räumlich beengten wie finanziell unsicheren Verhältnissen zum Zentrum der internationalen Regerforschung aufzuwerten.

Stiftung und Institut mussten sich in den ersten Jahren mehr schlecht als recht durch das Urheberrecht an Regers Werken und Aufführungstantiemen finanzieren, bis Ende 1986, 70 Jahre nach seinem Tod, diese Schutzfrist erlosch. In den Folgejahren erfolgte die Förderung durch die damalige Bundeshauptstadt Bonn und das Land Nordrhein-Westfalen. Seit 1996 und nach seinem Umzug nach Karlsruhe wird das Max-Reger-Institut durch die Stadt Karlsruhe und das Land Baden-Württemberg institutionell gefördert. Institut, Stiftung und die Internationale Max-Reger-Gesellschaft residieren nun in angemessenen Räumlichkeiten in der Alten Karlsburg Durlach.

TIEFEN UND HÖHEN

Zunächst stand noch die Absolvierung des Wehrdienstes an, den Reger als Künstler in verkürzter Form als »Einjährig-Freiwilliger« leisten durfte. Dieses Privileg war allerdings, weil eigenfinanziert, äußerst kostspielig, weshalb er sich in verlegerische Fronarbeiten stürzen und beispielsweise Klavierauszüge von Werken anderer Komponisten anfertigen musste. Außerdem komponierte er quasi auf Vorrat mehrere ausgedehnte Stücke, mit deren Honoraren er seine Ausgaben zu decken hoffte. Die Wehrdienstzeit von Oktober 1896 bis September 1897 bedeutete einen absoluten Tiefpunkt in seinem Leben: Er, der sich nur höchst unwillig jedwedem Zwang unterordnete, war nun stumpfem militärischem Drill unterworfen und den Schikanen unverständiger Vorgesetzter ausgesetzt. An regelmäßiges Arbeiten war nicht zu denken, zudem machte Reger seine völlig unsportliche Physis schwer zu schaffen und zwang ihn zu wochenlangen Aufenthalten im Lazarett. Er ließ sich auch manches Disziplinarvergehen zuschulden kommen, ärztlicherseits nachsichtig als »krankhafte Idiosynkrasie«, also Überempfindlichkeit, diagnostiziert.

In diese Zeit fiel allerdings ein für ihn lebensentscheidendes Ereignis: Im März 1897 hob der junge Organist Karl Straube (1873–1950) Regers Orgelsuite op. 16 aus der Taufe. Sein Orgellehrer Heinrich Reimann hatte ihn zu dieser Uraufführung in Berlin veranlasst, an welcher der Komponist jedoch nicht teilnehmen konnte. Trotzdem war dies die Geburtsstunde einer lebenslangen, wenn auch nicht immer konfliktfreien Freundschaft. Straube machte sich zu Regers Herold und treuem Interpreten, Reger wiederum suchte Straubes kompositorische Beratung auch über die Orgelwerke hinaus.

Als Regers Wehrdienst im Herbst 1897 beendet war, saß er auf einem hohen Schuldenberg. Sein Londoner Verleger hatte neue, von ihm druckreif vorbereitete Werke abgelehnt, weshalb der Musiker arrivierte Kollegen wie Strauss und Busoni um Hilfe angehen musste. Im November bettelte er geradezu beim Wiesbadener Buch- und Notenhändler Schellenberg »à discretion« um Bargeld, da es ihm unmöglich sei, einen fälligen Wechsel von 85 Mark zu begleichen, »da ich frühestens nächsten Dienstag mit meinem Quintett fertig werde«. In dieses Klavierquintett c-Moll, sein erstes großformatiges Kammermusikwerk, setzte er große Erwartungen und hatte in der Hoffnung auf rasche Drucklegung neben der Partitur bereits die Instrumentalstimmen ausgeschrieben; auch diese Komposition erhielt er vom Verleger Augener zurück. Vergeblich, weil ohne jede dirigentische Erfahrung, bemühte er sich auch um verschiedene Kapellmeisterstellen.

In dieser existentiellen Abwärtsspirale, die Aussichtslosigkeit aller hochfliegenden Pläne vor Augen, in seiner Existenz vorerst gescheitert und neben seinem Alkohol- und Nikotinabusus von Krankheiten wie einer schmerzhaften und entstellenden bakteriellen Infektion gepeinigt, ließ Reger, der verlorene Sohn, sich schließlich von seiner Familie im Juni 1898 zum Rückzug ins Elternhaus bewegen. Was sich zunächst wie eine Niederlage auf ganzer Linie ausnahm, sollte sich jedoch als Beginn einer dreijährigen Selbsttherapie in einem regelrechten kompositorischen Laboratorium erweisen.

RÜCKZUGSORT WEIDEN

Man kann sich vorstellen, wie sich Reger bei der Rückkehr in die beengten Wohnverhältnisse des Elternhauses und das provinzielle Weidener Umfeld gefühlt haben muss: Die Fehlschläge schienen den Pessimismus und die Zweifel des asthmakranken Vaters, gegen dessen Widerstand die musikalische Ausbildung durchgesetzt worden war, zu bestätigen. Die Mutter, selbst depressiv veranlagt, hatte den Sohn, dessen großspurige Ankündigungen einer unabhängigen musikalischen Existenz sich sämtlich in Luft aufgelöst hatten, schon völlig aufgegeben. Die katholisch-bigotte Schwester Emma versuchte, den Bruder gewaltsam auf den Pfad der Tugend zurückzuführen, indem sie sein protestantisches Gesangbuch verschwinden ließ und Kompositionen evangelischer Kirchenmusik vernichtete. Reger stand beständig unter familiärer Aufsicht; sein Briefverkehr wurde kontrolliert und er auf allen Spaziergängen begleitet, da die Familie befürchtete, er würde ansonsten in ein Wirtshaus einkehren.

Umso bemerkenswerter, wie scheinbar unbeeindruckt der 25-Jährige diese Situation beiseiteschieben konnte, sich zumindest pragmatisch in die Gegebenheiten fügte und das Komponieren gar als autotherapeutische Strategie betrieb. Selbstironisch kommentierte er seinen Alkoholkonsum und betrachtete ihn seit den wilden Wiesbadener Jahren (»Sturm- und Trankzeit«) als abgeschlossen – worin er sich leider täuschte, denn diese Krankheit sollte ihn sein Leben lang begleiten. Andere Stimulanzien (Reger war ein extremer Zigaretten- und vor allem Zigarrenraucher) waren gesellschaftlich nicht sanktioniert. Zwar berichtete er von der kleingeistigen Kulturszene Weidens, »[a]ber zum Arbeiten ist dieser Ort rein ideal!« Jedenfalls ist es beeindruckend, mit welcher Energie er sich nun in sein Schaffen, den brieflichen Aufbau eines Netzwerks und die Suche nach einem neuen Verleger stürzte.

Ausgedehnte Sommerferien verbrachte Reger 1899 auf Einladung der Familie von Bagenski in der Nähe von Berchtesgaden. Hier, bei ihrer Mutter, traf er Elsa von Bercken wieder, die sich im Jahr zuvor von ihrem Mann getrennt hatte. Wie bereits in Wiesbaden fühlte Reger eine aufkeimende Zuneigung; sie äußerte sich in zahlreichen die Liebe besingenden Liedern, die er abends mit Elsa musizierte. Sie, die auf ihre Scheidung wartete, war jedoch für eine neue Bindung nicht bereit, was zu seiner abrupten Abreise und einer erneuten Flucht in den Alkohol führte.

SCHWERPUNKT ORGELMUSIK

Verstärkt wandte sich Reger nun der Orgelmusik zu und sah in seinen Choralphantasien eine Synthese von musikalischer Tradition und Aktualität in einem neuen Klangideal: »Wir müssen eben nur die Errungenschaften des modernen Orgelbaus ausnützen – u. dann Bach'sche Kompositionsart für Orgel anwenden! So denke ich mir unseren deutschen Orgelstyl (vielleicht der ›Zukunft‹).« Kein anderer deutscher Komponist der Zeit hat derart vielseitig für die Orgel komponiert, das Instrument und sein Repertoire für die protestantischen Organisten als Konzertinstrument in völlig neues Licht gesetzt und sich dabei auch für Neuerungen in der Entwicklung des Instrumentenbaus eingesetzt.

Dass insbesondere Regers Orgelwerke seine Pièces de résistance wurden, ist vor allem Karl Straube zu danken, der 1897 Organist an der Willibrordikirche in Wesel wurde und bereits in jungen Jahren als führender deutscher Organist galt. Von fast allen in Weiden entstandenen Orgelkompositionen fertigte Reger jeweils zwei Handschriften an, wovon die eine an den Verlag zum Druck ging, die andere an Straube. Dieser wurde zur kompositorisch lebensrettenden Verbindung zur Außenwelt für den in Weiden isolierten Reger, der dem Organistenfreund über die Maßen vertraute und sein ganzes Leben hindurch als arrivierter Komponist dessen Rat und (nicht nur in den gemeinsamen Leipziger Jahren) auch seine Nähe suchte.

Karl Straube

Der gleichaltrige Organist Karl Straube (1873–1950) war für Reger sein Leben lang die einzige anerkannte kontinuierliche Autorität. Straube hatte sich früh für dessen Orgelwerke eingesetzt und dem jungen Komponisten damit erste Bekanntheit verschafft. Dies ließ Straube in dessen Augen zu einer Instanz werden, von der er auch Kritik akzeptieren konnte.

Als Reger ab 1907 in Leipzig lebte, trübte die räumliche Nähe zu Straube, der als Organist an der Thomaskirche und als Kollege am Konservatorium wirkte, mehr und mehr das Verhältnis; die Korrespondenz dokumentiert eine wachsende Distanzierung von Seiten Straubes, da er den Komponisten schätzte, ihm jedoch wesentliche menschliche Qualitäten absprach. Trotz seines Wegzugs nach Meiningen im Jahr 1911 und der zunehmend zeitraubenden Tourneetätigkeit behielt Reger seinen wöchentlichen Unterrichtstag in Leipzig bei. Dies mag weniger auf die gesicherte Honorierung zurückzuführen sein als darauf, dass er die Gelegenheiten zu regelmäßigen Arbeitstreffen mit Straube nicht aufgeben wollte. Noch am Abend vor seinem Tod traf er nach seinem Unterricht am Konservatorium in seinem Stammcafé »Hannes« mit ihm zusammen, um sich über ein neues Werk zu beraten.

Laut Straube war Reger ein »von leidenschaftlichen Ausbrüchen hin und her geworfener, von Gefühlsspannungen erfüllter, gewaltsamer Mensch, als solcher den paradoxalen Widersprüchen der modernen Kunst zugeneigt und ihren Einflüssen hingegeben [...] zu einer Vollkommenheit seines Lebenswillens in harmonischer Durchbildung konnte er niemals gelangen. [...] Max war sicher in sich eine große Natur – aber Leben und irdisches Geschehen brachten es immer wieder fertig, dass er umwickelt wurde, Kleines als groß anzusehen geneigt sich zeigte, die Übersicht verlor und plötzlich in Wirrnisse hineingeriet, die nur durch Gewalt gelöst werden konnten. Es ist doch merkwürdig, dass in Regers Leben immer ein Wirrnisse und ein Durcheinander waren, erst mit den Jugendgenossen in Wiesbaden, dann im Elternhause, dann in der Ehe, dann mit einigen Kunstgenossen, kurz und gut, wo auch immer ein Zwang von außen an ihn herantrat, da wehrte sich Max Reger und versuchte, ohne es zu können, die Fesseln abzuschütteln.«

KONSOLIDIERUNG DURCH ARBEIT

Der Vermittlung durch Richard Strauss war die Verbindung zu zwei neuen Verlagen zu verdanken: Die vierhändigen Walzer op. 22 erschienen beim Jos. Aibl Verlag in München, dessen Besitzer, Eugen und Otto Spitzweg, Neffen des Malers Carl Spitzweg waren; Regers Orgelwerke wurden – ebenfalls auf Strauss' Empfehlung hin – im Leipziger Verlag Forberg publiziert, weshalb die *Phantasie und Fuge c-Moll* op. 29 dem Fürsprecher Strauss gewidmet ist. Auch als Arrangeur kirchlicher protestantischer Gebrauchsmusik betätigte Reger sich und schuf vierstimmige Choralbearbeitungen für verschiedene Anlässe des gesamten Kirchenjahres. Die einsetzenden Honorarzahlungen verwendete er konsequent zur Tilgung der in Wiesbaden hinterlassenen Schulden.

Nach der Rückkehr aus dem durch die noch unerwiderte Liebe missglückten Sommerurlaub 1899 komponierte er seine Violinsonate A-Dur op. 41, die der Oberpfälzer Geiger Josef Hösl uraufführen wollte – ein Vorhaben, das erst durch nachdrückliche Anmahnungen des Komponisten und seine eigene Mitwirkung endlich stattfinden konnte; Hösls ständiger Klavierpartner war mit dem intrikaten Klavierpart nicht zurechtgekommen. Hösl wollte sich auch für Regers erstes Streichquartett in g-Moll (op. 54,1) einsetzen, doch wurde dies zunächst ebenfalls durch seine Kollegen boykottiert und das Quartett erst Jahre später uraufgeführt.

Ein ganz neues und seit Johann Sebastian Bach nicht mehr gepflegtes Genre erarbeitete sich Reger in seinem op. 42 mit vier Sonaten für Violine solo. Regelmäßig markieren nun Solowerke für Violine sein Schaffen bis hin zum weitgefächerten op. 131 aus dem Jahr 1915, das neben Präludien und Fugen für

Violine solo auch hinreißende Duos für zwei Violinen sowie die großen Solosuiten für Viola und Violoncello enthält.

Abgesehen von seiner gesundheitlichen Besserung und seinem beginnenden Schaffensrausch war Regers Lage schnell auch in finanzieller Hinsicht so konsolidiert, dass er sich 1901 den Kauf eines eigenen Blüthner-Flügels leisten konnte – eine Investition, die ihn, der eigentlich ohne Instrument am Schreibtisch komponierte, doch sehr anregen sollte: Gerne hat er nämlich nicht nur zu Hause Klänge und Akkordverbindungen ausprobiert, sondern auch bei öffentlichen Auftritten am Flügel phantasiert und improvisiert.

Die vitale Beziehung zu Johann Sebastian Bach war ein zentraler Punkt in Regers musikalischem Denken als Organist und Komponist. Immer wieder hat er den Thomaskantor zum »Anfang und Ende aller Musik« erklärt und sich ihm in Satzformen wie den Präludien und Fugen genähert und ihn auch stilistisch umkreist, etwa in den Solostücken für Streichinstrumente oder in seinen Werken »im alten Styl«. Eine besonders intime Form der Annäherung bedeutete die geradezu körperliche Einverleibung, wenn Reger immer wieder die Tonbuchstaben b-a-c-h verwendet, ob in Anklängen oder explizit hörbar oder

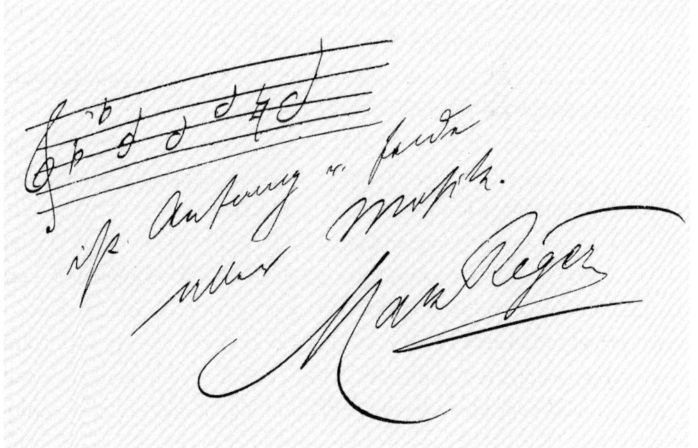

»Anfang u. Ende aller Musik«: B-A-C-H in Tonbuchstaben

auch im Werktitel aufgeführt wie bei der *Phantasie und Fuge über B-A-C-H* op. 46 für Orgel. Diese kompositorische Hommage widmete er zu Beginn des Jahres 1900 Josef Rheinberger, einem führenden Kopf der Münchner Komponistenschule, der als Komplementärfigur zu Riemann als Lehrer für Reger seinerzeit durchaus zur Debatte gestanden hatte.

HINWENDUNG NACH MÜNCHEN

Nach langen Monaten der Weidener Abgeschiedenheit trug sich Reger mit dem Gedanken eines Ortswechsels; nachdem zunächst Leipzig eine gewisse Priorität zugekommen war, stand nun München im Zentrum seines näheren Interesses, da er dort mit dem Geiger Josef Hösl und einigen anderen Musikenthusiasten einen Kern von Sympathisanten wusste. Außerdem hatte er eingesehen, dass er selbst als Liedbegleiter und Kammermusiker für Aufführungen neuer Kompositionen und die Verbreitung seiner Werke sorgen musste, um zur Popularisierung seines Namens beizutragen: Im Winter des Jahres 1900 gab er sein Debüt als Pianist in München, wobei er Hösl bei der Uraufführung der A-Dur-Violinsonate op. 41 begleitete.

Eine weitere Großtat des Freundes Straube war im März 1901 ein reines Reger-Orgelkonzert im renommierten, leider im Zweiten Weltkrieg zerbombten Kaim-Saal in der Türkenstraße. Dieser Abend ließ den Rezensenten Theodor Kroyer schwärmen, dass es geradezu die Aufgabe des Musikschriftstellers sei, die wahren Meister aufzuspüren und für deren angemessene Beachtung Sorge zu tragen: Regers Kompositionskunst »ist das echte signum ingenii, das ist Bach'scher Geist«.

Einen ihm bislang persönlich noch nicht bekannten Organisten hatte Reger brieflich mit folgender Selbstbeschreibung zu diesem Konzert eingeladen: »Damit Sie mich leichter erkennen, gestatte ich mir, Ihnen einen Steckbrief von mir selbst zu entwerfen: Ziemlich groß und breit; schwarzen, weiten Hut, braunen, schon etwas schäbigen Havelock, blonden, recht verwahrlosten Schnurrbart, goldenen Zwicker an kleinem goldenen Kettchen. Im ganzen sehr ruppig aussehend!«

1901 schien nach drei Jahren Abgeschiedenheit im Weidener Elternhaus Regers Bewährungszeit abgeschlossen. Mit den Werken der Opera 20 bis 59 hatte er derart viel komponiert, dass mit den ersten Aufführungserfolgen auch in den Augen des kritischen Vaters der Nachweis von Fleiß und Konzentration erbracht schien. Was ihm in Weiden naturgemäß fehlte, waren angemessene Aufführungsmöglichkeiten, weshalb er einen Umzug nach München anstrebte, wo der Verleger Aibl wohnte, neben anderen musikalischen Freunden das Hösl-Quartett seinen Sitz hatte und der junge Komponist auch die Aufmerksamkeit der Musikkritik zu erringen hoffte.

Nachdem sein Vater im Juli 1901 aufgrund seiner chronischen Krankheit vorzeitig pensioniert worden war, stand einem Umzug der gesamten Familie nach München nichts mehr im Wege. In die Zwänge der andauernden familiären Überwachung schien Reger sich ergeben zu haben.

2 Himmelsbeschreibungen und Höllenphantasien – Das Orgelwerk

Regers gesamtes Orgelwerk, insgesamt über 18 Stunden Musik, füllt 16 CDs und ist in seiner Rezeption das bedeutendste Genre in seinem Œuvre. Trotzdem wäre es verfehlt, ihn primär als einen Komponisten von konzertanter oder sakraler Orgelmusik zu sehen. Dass er heute vor allem als Komponist bedeutender Orgelmusik bekannt ist, beruht zum einen auf seiner frühen Prägung an der Orgel in der Weidener Simultankirche, wo er nicht nur die vorwiegend funktionale liturgische Musik seiner eigenen katholischen Konfession, sondern auch den protestantischen Choral und die aus anderem Glaubensverständnis gewachsene virtuose Orgeltradition kennenlernte. So wurde es sein lebenslanges Anliegen, die Orgel als überkonfessionelles Konzertinstrument und weit über den liturgischen Gebrauch hinaus kompositorisch zu bestücken.

Hinzu kommt der glückliche Zufall, dass Reger, nachdem er als zunächst Gescheiterter von Wiesbaden ins Weidener Elternhaus zurückgekehrt war und dort kaum Aufführungsmöglichkeiten hatte, in der aufkeimenden Freundschaft mit dem gleichaltrigen Organisten Straube einen Interpreten fand, für den und dessen Instrument er nun immer neue Werke schrieb. In seinem Einfluss auf Reger kann der lebenslange Arbeitsfreund gar nicht hoch genug eingeschätzt werden: Nach der Initialzündung mit der Orgelsuite op. 16 im März 1897 war Straube der erste Interpret von Format, der Regers Werk bekanntmachen konnte. Daher entstanden bis 1901 vornehmlich mit Blick auf Straube nicht nur 15 von insgesamt 35 in Weiden komponierten Werken, sondern auch in den Münchner Jahren die meisten der großformatigen Orgelwerke wie die Choralphantasien, *Phantasie und Fuge c-Moll* op. 29, *Phantasie und Fuge über B-A-C-H* op. 46 sowie die *»Inferno«-Phantasie und Fuge* op. 57. Regers bekannter Kalauer ist eine Hommage an den Freund als unverzichtbaren Interpreten: »Die Orgel hör ich wohl, allein mir fehlt der Straube!«

Regers erstes großes Orgelwerk, das, 1897 von Straube uraufgeführt, den Beginn dieser lebenslangen Beziehung markiert, ist die viersätzige Suite op. 16 mit dem seltsamen Titel »Den Manen Joh. Seb. Bachs«. Dass Reger neben einer Hommage an den Thomaskantor und einer Wiederaufnahme von dessen Stilprinzipien auch einen kollegialen »Dialog«, gar einen

Verhältnis zu Richard Strauss

Die Wertschätzung Regers gegenüber Richard Strauss (1864–1949) drückt sich in der Widmung zweier Orgelwerke aus (*Phantasie und Fuge c-Moll* op. 29 [1898]; *Phantasie und Fuge d-Moll* op. 135b [1916]). Diese Widmungen berühren jedoch seltsam, denn Strauss war musikalisch zwar äußerst vielseitig, aber eben kein Organist! Die Dedikation eines Orchesterwerks an den Komponistenkollegen und berühmten Dirigenten wäre auch für die Verbreitung von Regers Werk strategisch sinnvoller erschienen.

Aus dem Jahr 1902 stammt eine briefliche Äußerung Regers, die Strauss als Speerspitze der musikalischen Entwicklung sieht: »Ich verfolge den Lisztschen Satz: ›Auf jeden Akkord kann jeder Akkord folgen‹ eben konsequent. [...] Ich bin jung, sehr jung, bin extremer Fortschrittsmann und erlebe die Zeit schon noch [...] Vor 100 Jahren hatten wir die allerersten Werke von Beethoven und heutzutage das Heldenleben von Strauß! Das ist fürwahr eine Entwicklungsgeschichte des menschlichen Ohres, die grandios ist!«

Nachdem sich über gemeinsame Auftritte hinaus kein engeres persönliches Verhältnis entwickelt und Reger sich durchaus relativierend über Strauss' Erfolge geäußert hatte, zeigte er sich im Dezember 1914 besonders glücklich über seine Anerkennung: »Vor zwei Tagen erhielt ich einen Brief von ihm, wo er mir schreibt betreff eines Falles: ›Ich habe keine so leichte Hand und keine so zuverlässige, gehorchende Kompositionstechnik wie Sie, der mir mit seiner unversiegbaren Fruchtbarkeit immer Staunen und Bewunderung abringt.‹«

musikalischen »Wettstreit« über eineinhalb Jahrhunderte hinweg im Sinn hatte, zeigt seine Bemerkung zur ausladenden abschließenden Passacaglia, über die er seinem Lehrer Riemann schrieb: »Bach hat in seiner das Thema 21x variiert – ich 32x.«

»KEINE NOTE ZUVIEL«

»Meine Orgelsachen sind schwer, es gehört ein über die Technik souverän herrschender, geistvoller Spieler dazu. Man macht mir oft den Vorwurf, dass ich absichtlich so schwer schreibe; gegen diesen Vorwurf habe ich nur eine Antwort, dass keine Note zuviel darin steht.« Diese Äußerung erinnert an die selbstbewusste Entgegnung Mozarts auf den Vorwurf seines Kaisers Joseph II., *Die Entführung aus dem Serail* enthalte »gewaltig viele Noten«. Ähnlich unbeirrt gibt sich Reger, zumal er sich seines Musterinterpreten Straube sicher sein kann.

Erstaunlicherweise trägt eine seiner meistgespielten Orgelkompositionen, die *Introduktion und Passacaglia d-Moll* (1899 als erstmalige Verbindung dieser später bei Reger so erfolgreichen Satzpaarung entstanden), keine Opuszahl, da die Komposition für ein Sammelalbum von Orgelmusik geschrieben und zunächst nicht als Einzelveröffentlichung vorgesehen war.

Über seine *Phantasie und Fuge über B-A-C-H* op. 46 (1900) meinte er gegenüber dem Regensburger Organisten Joseph Renner, dass er »an die äußerste Grenze der harmonischen und technischen Möglichkeit« gegangen sei. Diese Hommage an den Übervater Bach gründete nicht nur in dessen Vorbildfunktion für den Organisten Reger; Bach war zudem Leitstern für den Komponisten aufgrund seiner polyphonen Satzkünste, also einer komplexen Verwebung von einzeln geführten Vokal- oder Instrumentalstimmen.

Das von Bach selbst mehrfach benutzte b-a-c-h-Motiv ist durch seine Chromatik mit vier nebeneinanderliegenden Halbtönen eine ergiebige Keimzelle harmonischer und melodischer Durchformung und quasi improvisatorischer Entfaltung. Eine weitere Hommage an Bach ist der Rückgriff auf die Fugenform als Höhepunkt polyphoner Mehrstimmigkeit; die aus einer sich vervielfältigenden Stimme erwachsende Fuge lässt Reger ebenfalls aus dem b-a-c-h-Motiv entstehen und verleiht ihr eine ungeheure Sogkraft durch die kontinuierliche Steigerung von Dynamik und Tempo.

Im Jahr darauf komponierte er seine *Symphonische Phantasie und Fuge* op. 57, deren Zerrissenheit ihr heimliches Programm spiegelt, zu dem er nach eigenem Bekunden von Dantes *Inferno* angeregt wurde. Der Hörer jedenfalls wird wie durch ein Höllentor gespült, indem ihn eine aus dem dreifachen Forte brüllend ansteigende, harmonisch und rhythmisch kaum fixierbare Klangwelle überrollt. »Straube schimpft, dass op. 57 so unmenschlich schwer sei. Ich wette, in 4 Wochen kann er's tadellos!«, meinte Reger über sein wagemutigstes Orgelwerk.

Das Adjektiv »symphonisch« emanzipiert die Komposition vom sakralen Rahmen und verleiht ihr über den weltlichen, konzertanten Charakter hinaus einen vom Instrument losgelösten musikalischen Anspruch. Darüber hinaus ist die Bezeichnung auch eine orgelstilistische Standortbestimmung, mit der Reger für die Ausführung seines op. 57 eine entsprechend ausgerüstete, aus der Tradition der deutschen Orgelromantik stammende »Symphonische Orgel« verlangt, die extreme Klangmöglichkeiten wie schnellstes Crescendo mittels einer per Fuß bedienten Walze oder eines handbetriebenen Schwellers ermöglicht und so die rasch an- und abflutenden Klangwirkungen eines symphonisch besetzten Orchesters nachahmt. Adalbert Lindner schreibt in Bezug auf op. 57 über die »drei Grundelemente« von Regers musikalischer Charakteristik: »Das Trotzig-Titanisch-Dämonische, das Humoristisch-Burleske und das Innige, das sind die drei Grundtöne, der wahre reine Akkord von Regers Wesen und Musikalität.«

SONATEN UND CHORALPHANTASIEN

Trotz ihrer Apostrophierung als Sonate lässt sich die in der Wiener Klassik kanonisierte Sonatenform auf die Orgelsonaten nicht übertragen; Reger sah sie eher als geschlossene Suite, die freie Satzformen motivisch und gestaltlich verklammert. Die Erste Sonate op. 33 (1899) besteht aus den drei Sätzen Phantasie – Intermezzo – Passacaglia. Die Zweite Sonate mit den Sätzen Improvisation – Invocation – Introduktion und Fuge ist bereits im Folgejahr komponiert; dass sie als op. 60 aber fast 30 Werknummern später eingeordnet ist, zeigt den geradezu fließbandartigen Ausstoß neuer Werke in den unglaublich fruchtbaren Weidener Jahren.

Regers sieben große Choralphantasien, die in Weiden innerhalb von zwei Jahren zwischen Herbst 1898 und Herbst 1900 entstanden, sind die idiomatische Anverwandlung und Ausgestaltung einer von Straubes Lehrer Heinrich Reimann entwickelten Gattung. Sie vereinen formale und textliche Gebundenheit mit der Lizenz zur ausladenden Selbstverwirklichung, die exemplarisch an zwei Beispielen betrachtet werden soll.

In op. 27 *(Ein' feste Burg ist unser Gott)* folgt auf jede gebundene Choralzeile, deren Text den Noten unterlegt ist, eine ausladende Phantasie mit klangmalerischer Ausgestaltung der Choralworte, die von meditativer Innerlichkeit bis zur jubelnden Glaubensbestätigung reicht. Regers Bestreben ist es, die historische Form der von Bach geprägten Choralphantasie mit den Errungenschaften seiner eigenen Epoche, der von Liszt und Strauss entwickelten Form, zu verschmelzen: Nicht weniger als die Erweiterung der Choralphantasie »zur symphonischen Dichtung« ist sein Ziel.

Wesentlich freier ist in op. 40,1 der Umgang mit dem Choral *Wie schön leucht't uns der Morgenstern*. In einer ausgedehnten Einleitung, die als bedrückendes Nachtstück wohl auch von Regers nächtlichen Alpträumen zeugt, erhebt sich der Morgenstern am Firmament und wird als musikalische Phantasie beziehungsreich mit Anklängen wie dem b-a-c-h-Motiv umspielt. Aus dieser innerlichen Versenkung entwickelt sich eine ausladende Steigerungsfuge, welche mit der Choralmelodie verwoben wird und deren hymnisch finaler Überhöhung sich die Fugenbewegung unterordnet.

Der erste bedeutende Variationszyklus in Regers Œuvre ist sein op. 73, *Variationen und Fuge (über ein eigenes Thema)*. Dazu schrieb er an Straube: »[...] das Werk selbst ist aus einer recht wehmütigen Stimmung heraus geboren; das Thema in seiner Resignation gibt alles an; eine große Rolle spielt im Werke der melancholische dritte Takt aus dem Thema selbst. Ich glaube, das wird wohl genügen, Du weißt, ich spreche darüber so furchtbar ungern, weil ich es als Pose empfinde, mit seinen Stimmungen und Empfindungen zu protzen.«

DIE ORGEL IM SPÄTWERK UND NACHRUHM

Neben diesen großen Kompositionen entstanden zahlreiche Charakterstücke und Miniaturen, barocke Techniken aufnehmende Präludien und Fugen sowie verschiedene kürzere Choralvorspiele. In den Leipziger Jahren war das Orgelschaffen unterbrochen, was vielleicht in der räumlichen Nähe zu Straube begründet liegt: Reger war nun nicht mehr auf neue Kompositionen als Mittel zur Kommunikation angewiesen, sondern lebte mit dem Freund in einer Stadt, was den Gedankenaustausch grundsätzlich vereinfachte. Erst in Meiningen entstand 1913 wieder eine große, ja gigantische Orgelkomposition, bezeichnenderweise als Auftrag für die seinerzeit größte Orgel der Welt in der neuen Jahrhunderthalle in Breslau, die 1913 zum Gedenken an die 100 Jahre zuvor geführten Befreiungskriege gegen Napoleon gebaut worden war. Für dieses monströse Instrument (fünf Manuale mit 200 Registern und über 15.000 Pfeifen) komponierte Reger seine *Introduktion, Passacaglia und Fuge in e-Moll* op. 127, die Straube im September 1913 uraufführte. Reger schrieb dazu an Fritz Stein: »Das Werk ist klassisch durchsichtig; ich mache Front gegen alle ›Verstiegenheit‹, gegen alle ›Überladung‹ etc. etc. in jeder Beziehung. Das ist die ›Frucht‹ Meiningens; diese ›Kur‹ ist mir ganz famos bekommen [...]«

Reger hat nicht nur die ausgedünnt-durchsichtige Schreibweise der Meininger Orchesterwerke auf die Orgel übertragen, sondern auch mit einem (nicht explizit benannten) Mozart-Bezug eine Verbindung zur klassizistischen Faktur seines Spätwerks komponiert: Die abschließende Fuge aus op. 127 erinnert in Thema und Tonart an Mozarts seinerzeit vielgespielte vierhändige Klaviervariationen KV 455 (auf das damals bekannte Thema *Unser dummer Pöbel meint* aus Christoph Willibald Glucks heute vergessener Oper *Die Pilger von Mekka*) – ein

Thema, mit dem auch Peter Tschaikowsky im vierten Satz seiner Orchestersuite *Mozartiana* dem großen Vorbild seine Reverenz erwiesen hat. Gerade in seinem Spätwerk hat sich Reger oftmals auf Mozart bezogen, und nicht nur die Variationen op. 132 und das Klarinettenquintett op. 146 haben seine Forderung untermauert: »Mir ist's absolut klar, was unserer heutigen Musik mangelt: ein Mozart!«

»Meister Richard Strauss in besonderer Verehrung« widmete Reger seine *Phantasie und Fuge* op. 135b in d-Moll, die nur noch nach Form und Bezeichnung an die großen Orgelkompositionen anknüpft. Die wie improvisiert wehenden Schleier des Beginns zeigen eine neue, impressionistisch wirkende Leichtigkeit; das in der *Phantasie* bereits anklingende Fugenthema wird mit einem zweiten von Mozart'scher Transparenz kombiniert. Regers op. 135b wirkt, zumal mit den noch vom Komponisten besorgten Kürzungen, wie eine Umsetzung von dessen Bemühen um Konzentration und Durchsichtigkeit auch in der Orgelmusik.

Die sieben Orgelstücke op. 145 beschließen das Orgelwerk, wobei einzelne Sätze auf Improvisationen in den Kirchenkonzerten zurückgehen, die Reger im Herbst 1914 in Meiningen und Umgebung zum Wohle der notleidenden Mitglieder der mit Kriegsbeginn aufgelösten dortigen Hofkapelle veranstaltete.

Obwohl sein Nachruhm in verengter Sichtweise vor allem auf seinem singulären Orgelschaffen gründet, war dessen Wirkung nach seinem Tod beeinträchtigt durch das rasch abflauende Interesse am spätromantischen Orgelklang. Die gewandelte ästhetische Vorstellung der in den 1920er-Jahren entwickelten »Deutschen Orgelbewegung« hatte sich abgekehrt von jeglichem spätromantischen Klangbombast. Anstelle von Regers großräumigen Crescendi wurde nun eine Terrassendynamik in neobarocker Manier favorisiert. Doch die Ästhetik eines Orgelklangs kann sich naturgemäß nur langsam wandeln, weil jegliche Veränderung immer an den Neubau von Instrumenten oder zumindest deren kostenintensive Umwandlung gebunden ist.

Insofern musste Regers Orgelwerk doppelt büßen: zum einen durch die Zerstörung von »Reger-Orgeln« im Zweiten Weltkrieg und die anschließenden Neubauten in einem neuen, sachlicheren Klangideal, zum anderen durch die erbitterten ästhetischen Debatten, die um sein Orgelwerk und dessen angemessene Darstellung entbrannten.

Regers Klavier- und Orgelaufnahmen

Tonaufnahmen waren im elektrischen Aufnahmeverfahren professionell erst ab den 1920er-Jahren, also nach Regers Tod, möglich, weshalb wir von ihm (wie auch etwa von Gustav Mahler oder Claude Debussy) keine akustische Überlieferung besitzen. Trotzdem können wir deren Klavierspiel (und in Regers Fall auch sein Orgelspiel) aufgrund eines Patents des deutsch-amerikanischen Erfinders Emil Welte anhören. Dieser hatte ein Verfahren entwickelt, bei dem die äußeren Parameter eines Klavier- oder Orgelspiels – Tonhöhe, Tondauer und Lautstärke – als Lochstreifen in lange Papierrollen eingestanzt wurden, die mittels eines Vorsetzers beim Flügel oder auf einer speziell ausgerüsteten Orgel abgespielt werden können.

Von Regers Spiel sind uns zehn Klavierstücke, aufgenommen 1905 im Leipziger Studio der Firma Welte, und 16 im Mai 1913 in Freiburg aufgezeichnete Orgelkompositionen überliefert. Diese alten Rollen sind, von modernen Instrumenten reproduziert, auf CD aufgenommen und klanglich vergleichsweise hervorragend aufbereitet. Trotzdem lassen sie Regers Technik oder Interpretationsansätze nur erahnen, da er – vielleicht im Bewusstsein mangelnder Übung und der eigenen spieltechnischen Grenzen – fast ausschließlich langsame Sätze gewählt hat. Die durch kompetente musikalische Zeitzeugen bezeugte pianistische Anschlagskultur und Farbpalette gerade in den Abstufungen der leisen Töne können diese Aufnahmen nur eingeschränkt vermitteln.

3 Reger stellt sich der musikalischen Welt (München 1901–1907)

Im August 1901 bezog der 28-jährige Komponist mit seinen Eltern und seiner Schwester eine Wohnung im kleinbürgerlichen Münchner Stadtteil Haidhausen. Bedeutete der Wegzug aus der Provinzialität Weidens für den Komponisten zukunftshungrige Befreiung, so brachten die in der Oberpfalz verwurzelten Eltern mit dem Umzug ein großes Opfer als Tribut an die erhofften Erfolge des Sohns. Allerdings hielt die Familie nach den Wiesbadener Erfahrungen den Komponisten aus Angst vor dessen latentem Alkoholismus im »Moloch« München entsprechend kurz.

Dabei war es von Reger durchaus wagemutig, sich in der nicht gerade für ihre Progressivität notorischen bayerischen Residenz anzusiedeln und sich dort dem Publikum und der Kritik zu stellen. Hier musste er, der sich jeglicher ästhetischer Einordnung wie Vereinnahmung entzog, sich ausgerechnet auf dem Terrain einer professionell wie gesellschaftlich festgefügten »Münchner Schule« behaupten. Bezeichnenderweise hatte Strauss die Stadt 1898 verlassen und wirkte in der Reichshauptstadt Berlin; Komponisten wie Ludwig Thuille, Max Schillings und Siegmund von Hausegger prägten eine eher konservative Ausrichtung, sekundiert von dem gefürchteten Kritiker Rudolf Louis. Von ihnen wurde Reger als provokanter Freigeist angesehen, und er selbst schreibt (in einem schönen Bildbruch), dass »Thuille ja geradezu Feuer schreit gegen mich«.

Reger konnte auf Einnahmen aus privaten Klavierstunden nicht verzichten, suchte diese jedoch einzuschränken. Eine seiner Privatschülerinnen war die Tochter des Bildhauers Adolf von Hildebrand, jedoch ergab sich trotz Regers großem Interesse an Malerei und Bildhauerei offensichtlich kein gesellschaftlicher Kontakt. Später sollten Regers Münchner Schüler Joseph Haas und insbesondere der noch heute lesenswerte Musikschriftsteller Alexander Berrsche (1883–1940) glühende Vorkämpfer seines Werks werden.

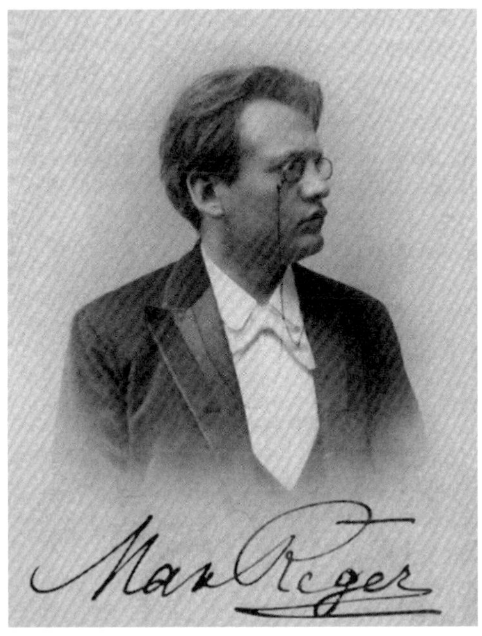

Max Reger im Alter von 27 Jahren

EINE GEFÄHRTIN

Eine wesentliche Lebensentscheidung bahnte sich an, als Elsa von Bercken, die sich nach ihrer Scheidung in München aufhielt, im Februar 1902 ein Konzert Regers besuchte und den Kontakt wieder aufnahm. Der Komponist war sofort neu entflammt und sah in ihr eine musikalisch empfindsame Gefährtin, der er innerhalb der bürgerlichen Ehekonventionen ein sorgenfreies Leben ermöglichen wollte; sie wiederum sollte ihm die Konzentration auf sein kompositorisches Werk sichern, für dessen Schöpfung er sich von der Welt absondern müsse. Noch im Frühjahr erfolgte der Heiratsantrag, für dessen Beantwortung Elsa sich jedoch Bedenkzeit erbat. Nach ihrer gescheiterten Ehe mit einem spielsüchtigen Offizier bedeutete dieser Antrag für die drei Jahre Ältere durchaus einen Rettungsanker, denn ihre Zukunft war als Geschiedene nach damaligen Adelskonventionen höchst ungewiss. Bei aller grundsätzlichen Sympathie musste sie Regers Alkoholismus in seinen Wiesbadener Jahren miterleben und hatte als suchterfahrene Ehefrau Angst vor ähnlicher Wiederholung. Außerdem bedeutete nach damaliger Vorstellung die Ehe mit einem Bürgerlichen eine Verheiratung unter ihrem Stand.

In beeindruckender Weise spiegeln die im Karlsruher Max-Reger-Institut erhaltenen Briefe aus der Werbungszeit ein Abwägen der Argumente – und zwar auf beiden Seiten. Reger versuchte dabei, seine Zukunftsaussichten in Hinblick auf persönliche Solidität und soziale Sicherheit zu unterstreichen; doch erschreckenderweise kommt in diesen Briefen weniger das Verlangen nach partnerschaftlicher oder familiärer Harmonie zum Ausdruck (bezeichnenderweise ist weder bei Elsa noch bei Max von einem Kinderwunsch die Rede, dieser wird eher ausgeschlossen); vielmehr stellt sich Reger als Dauerarbeiter dar (nur die Sonntagnachmittage sollten Elsa gewidmet sein!), verspricht also, sich mit Arbeit derart zuzuschütten, dass ein Abgleiten in den Alkoholismus überhaupt nicht möglich sei. Dieser Zustand, den man heute als Workaholismus bezeichnen würde, offenbart, dass Reger nur eine Sucht mit der anderen zu erschlagen versucht oder sich vielmehr die beiden Suchtfaktoren Arbeit und Alkohol gegenseitig bedingen. Auffällig ist auch, wie deutlich er von Elsa die völlige Unterordnung unter sein Schaffen verlangt – durchaus eine Parallele zu Robert Schumann und zu Regers Zeitgenossen Gustav Mahler (1860–1911), die ihren zukünftigen Gattinnen allerdings sogar jegliche störende oder konkurrierende musikalische Tätigkeit untersagten.

Elsa hingegen betont immer wieder, wie wichtig es ist, die Achtung vor ihrem Ehemann unangetastet zu sehen – eine kaum verhüllte Angst vor Regers Alkoholsucht. Nur allzu bald sollten sich bei ihr die durch Straube und Stein bezeugten hysterischen Zustände einstellen, die ihre Flucht in längere Krankheiten und Kuren zur Folge haben würden.

IDEALISIERTE VERHÄLTNISSE

In ihren (allerdings reichlich stilisierten) Erinnerungen schreibt Elsa, bei einem Aufenthalt in Bayreuth in jenem Werbungssommer 1902 habe das Erlebnis von Wagners *Parsifal* den Entschluss ausgelöst, Reger zu heiraten und nicht als Kinderkrankenschwester nach Kairo zu gehen: »[I]n der Karfreitagsszene stieg mir die Erkenntnis auf, daß es etwas Erhabenes sein müßte, eines großen Musikers Frau zu werden.« Sie stimmt dem nachhaltigen Werben Regers zu, weshalb dieser im August einen offiziellen schriftlichen Heiratsantrag stellen kann. Dabei versucht er, seiner zukünftigen Gattin darzulegen, was er ihr bieten könne, und beschwört eine gemeinsame Zukunft in Harmonie: »[...] ich weiß, wie sehr Sie sich nach guter, schöner Musik sehnen, wie sehr Sie begeistert sind für gute, schöne Lektüre, Sie entzückt sind von Schönheit und Kunst im Leben – und alles das vermag ich Ihnen im reichsten Maße zu bieten.« Seine finanziellen Verhältnisse entwirft er optimistisch, wobei erstaunlicherweise von Verlagshonoraren nicht die Rede ist: »Sie wissen ferner, daß ich aus pekuniären Verhältnissen jetzt ganz ausgezeichnet gestellt bin, daß ich ohne Privatstunden mindestens 6000 Mark jährlich allein durch Konzertieren verdiene, 1200 Mark mindestens an Privatstunden, 400 Mark durch Musikzeitungen [...]« Auch Elsas Geburtsadel, der nach einer Heirat im Namen nicht mehr sichtbar wäre, sucht Reger durch Hinweis auf seinen Kunst-Adel zu kompensieren: »[...] so wird vielleicht mein Name imstande sein, Sie über den Verlust Ihres Adels wenigstens ein wenig zu trösten. Wie Sie wissen, wird mein Name mit jedem Jahre größer und bekannter!« Das Ehevorhaben ist also – mehr oder minder deutlich – eine gemeinsame Mission, in der jeder auf seine Weise Regers schöpferischem Werk sein Leben widmet.

EHESCHLIESSUNG

Nach dem grundsätzlichen Einverständnis standen der Eheschließung allerdings noch kirchenrechtliche Gründe im Wege, da Elsa als geschiedene Protestantin nicht nach katholischem Ritus heiraten konnte, wie es Regers Eltern und besonders seine Schwester verlangten; der Bräutigam schreibt von Emmas religiösem »Fanatismus, der jeden Andersdenkenden einfach verbrennen« wolle. Seinen neuen Leipziger Verlegern Lauterbach & Kuhn schildert er die familiären Zerwürfnisse, infolge derer »meine liebe Frau ohnmächtig umfiel« und die Hochzeitsfeier in München am 25. Oktober 1902, Elsas Geburtstag, als Ziviltrauung ohne die jeweiligen Familien stattfinden musste. Im württembergischen Bad Boll fand sich ein protestantischer Pfarrer, der der Ehe am 7. Dezember 1902 noch den kirchlichen Segen gab. Die automatische Folge war Regers Exkommunikation.

Trotz der familiären Verwerfungen hatte der Frischvermählte eine neue Ehewohnung ganz in der Nähe von Eltern und Schwester gemietet. Seinem noch unverheirateten Freund Straube schwärmt er sogleich von der stillen Idylle seines Ehelebens vor: »Wir pflegen absolut keinen gesellschaftlichen Verkehr, wir leben nur ganz für uns! – Die Frau ist so engelsgut und so rührend besorgt um mich; ich bin wie unter einem Glashause und fühle mich sehr, sehr wohl!« In seiner Lebensweise und seinem Tageslauf nehme der Komponist aber keinerlei Rücksicht auf seine Frau, denn er habe »elend zu thun – sehr trüblich für meine junge Frau, der ich mich so gar nicht widmen kann, aber es gibt so viel zu thun!« Hingegen wird Elsa in seine Arbeitsabläufe eingebunden, indem sie Korrespondenz für ihn erledigt und sogar die von den Verlagen eingehenden Korrekturabzüge für die Drucklegung überprüft. Reger stöhnt oft über diesen wichtigen, wiewohl mechanischen Arbeitsvorgang der Beschäftigung mit abgeschlossenen Werken zu einem Zeitpunkt, an dem er längst schöpferisch mit neuen Kompositionen befasst ist. In seinem Verlegerbriefwechsel nimmt die Korrespondenz über das Verschicken und Rücksenden von Manuskripten und Korrekturen einen großen Raum ein; bei seinem kontinuierlichen Arbeitsausstoß sind diese der kompositorischen Kreativität nachgeordneten Vorgänge ein enormer Zeitfaktor, und ebenso tagesgenau, wie er die Fertigstellung neuer Kompositionen im Voraus festzulegen sucht, verfährt er auch mit den permanent anfallenden Korrekturarbeiten.

Arbeitsweise und Schaffensprozess I

Regers Freunde haben als Augenzeugen berichtet, dass er seine Werke im Kopf fertig komponiert habe und die Partituren in einem fast mechanischen Prozess nur noch niederzuschreiben brauchte. Die Forschungen der letzten Jahrzehnte haben jedoch gezeigt, dass er sehr wohl Skizzen angefertigt hat, die nicht nur einzelne Melodien und harmonische Wendungen, sondern auch ganze Werkverläufe vorzeichnen. Dies mindert jedoch nicht das Wunder seiner Gedächtnis- wie Arbeitsleistung.

Bei der Ausarbeitung seiner Partituren kam Reger seine geniale Fähigkeit zugute, selbst großdimensionierte Orchesterwerke großenteils im Kopf ausarbeiten zu können, sodass die spätere Niederschrift fast automatisiert erfolgte, wie er Herzog Georg in Meiningen berichtet: »Auf der Eisenbahn komponiere ich: ich sitze stillvergnügt in meiner Koupéecke und komponiere; mein Gedächtnis ist so entwickelt, daß ich all das da Komponierte behalte und dann sogleich oder nach Monaten zu Papier bringe ohne Entwurf. So ist z. B. das Concert im alten Styl größtenteils bei Eisenbahnfahrten entstanden, so daß ich die 83 Manuskriptseiten lange Partitur in nicht ganz 3 Wochen aus dem Gedächtnis gleich ins Reine schreiben konnte; die ›sog.‹ Skizze enthält vielleicht je ein bis zwei Noten pro Takt.«

Insbesondere die »Herzblutwerke«, wie Reger seine nach 1907 entstandenen großen Kompositionen bezeichnete, mussten der ausgedehnten Konzert- und Reisetätigkeit förmlich abgetrotzt werden: Während der Konzertsaison, die sich seinerzeit vor allem im Winterhalbjahr abspielte, kam er kaum zur Komposition neuer Werke, sondern war neben seinen Konzerten mit Korrekturen an den Druckfahnen der Verlage völlig ausgelastet. So stauten sich während seiner Reisemonate große Kompositionen in seinem Kopf auf, die nur skizziert wurden und in Zeiten relativer Ruhe von Unterrichts- und Konzertverpflichtungen, vornehmlich also in den Sommermonaten, ausgearbeitet werden konnten. Dieser Vorgang hatte allerdings keine besondere Ruhe und Abgeschiedenheit zur Voraussetzung: In den Sommerferien in Kolberg an der Ostsee konnte er trotz Besuchs und Kinderlärm im selben Zimmer höchst komplexe Partituren aus dem Kopf niederschreiben – ein Vorgang, der auch von Bach oder Mozart verbürgt ist.

Bei dieser Arbeitsweise konnte Reger sich auf seine außergewöhnliche musikalische Vorstellungskraft und auf sein stupendes fotografisches Gedächtnis verlassen. Er schrieb zunächst mit schwarzer Tinte die Noten aus, ehe er in einem zweiten Arbeitsgang in Rot die notwendigen Vortragsbezeichnungen dynamischer und agogischer Art eintrug.

Zu Regers »perspektivischem« Werkschaffen gehört auch seine Eigenheit, Opuszahlen für geplante Werke weit im Voraus festzulegen und sich dadurch und den Termin einer Veröffentlichung oder gar Uraufführung unter ungeheuren Druck zu setzen. Manches solcherart beschworene Werk, etwa die als op. 18 vorgesehene Symphonie, hat Reger nie fertiggestellt; umgekehrt verlieh er seinem zu Lebzeiten bekanntesten Orchesterwerk, den *Hiller-Variationen*, die repräsentative Opuszahl 100, obwohl die Komposition von der Chronologie der Entstehung eigentlich eine frühere Werknummer hätte tragen müssen.

WUNSCH NACH MUSIKALISCHER HEIMAT

Bei den während seiner ersten Ehejahre entstandenen Werken lag Reger insbesondere daran, sich in München einen Namen zu machen; dabei überreizte er aber in seinem wenig konzilianten Charakter das Provokationspotential. Er konnte nicht erwarten, in der musikalischen Gesellschaft Münchens sogleich mit offenen Armen aufgenommen und umworben zu werden, zumal sein verfestigter Ruf als Enfant terrible der zeitgenössischen Musik einer Anerkennung entgegenstand. Objektiv betrachtet hielten sich negative und positive Zeitungsartikel durchaus die Waage, jedoch nahm der monomane Komponist jegliche relativierende Kritik als persönliche Beleidigung.

Nach dem heutigen Stellenwert klassischer Musik und insbesondere zeitgenössischer Komponisten ist es kaum mehr vorstellbar, welche gesellschaftliche und sogar politische Bedeutung der Musik bis zum Ersten Weltkrieg zukam. Nach einem Konzert war es Brauch, einen studentischen Fackelzug zur Wohnung des gefeierten Komponisten abzuhalten, wie es Reger mehrfach geschah. Im umgekehrten Falle brachten seine Anhänger dem Münchner Kritiker Rudolf Louis eine nächtliche Katzenmusik, da sie die Werke ihres Meisters nicht genügend gewürdigt fanden. Die Musik galt als ein Mittel politischer und nationaler Identifikation, und Reger suchte sich als deutscher Musiker in der Nachfolge von Beethoven und besonders Johann Sebastian Bach zu positionieren.

GUSTAV MAHLER

Im Sommer 1903 reiste Reger mit Elsa zum Tonkünstlerfest des Allgemeinen Deutschen Musikvereins (ADM) in Basel, das in Kooperation mit dem Schweizer Verband ausgerichtet wurde. Straube führte an der Münsterorgel die Phantasien opp. 27 und 57 auf; ebenfalls im Münster fand das Abschlusskonzert statt, bei dem Mahler seine II. Symphonie dirigierte – ein Ereignis, das seltsamerweise in Regers Briefen keinerlei Niederschlag findet, wie es auch im September 1910 bei der Münchner Uraufführung von Mahlers monumentaler VIII. Symphonie, der *Symphonie der Tausend*, sein sollte. Dies ist umso merkwürdiger, als der in kollegialen Kontakten äußerst umtriebige Reger in dieser Zeit erste Einladungen in Mahlers Heimatstadt Wien erhielt und für die von Arnold Schönberg (1874–1951) initiierte, aber kurzlebige »Vereinigung schaffender Tonkünstler« gewonnen werden konnte. Dort ergab sich ein Kontakt mit dem Rosé-Quartett, dem berühmten Streichquartett von Arnold Rosé (1863–1946), Konzertmeister der Wiener Philharmoniker und Schwager Mahlers; das Ensemble brachte 1905 Regers A-Dur-Quartett op. 74 zur Erstaufführung.

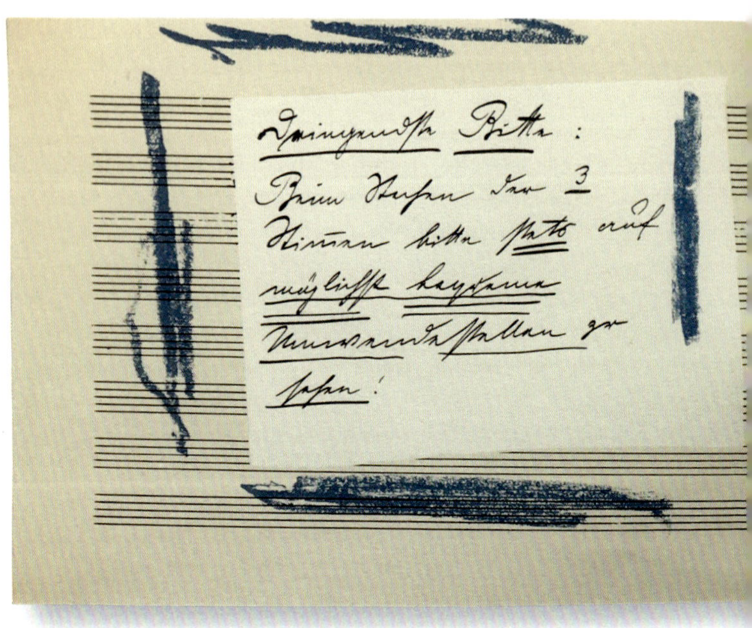

Autographe Reinschrift des Streichtrios a-Moll op. 77b und Regers »Dringendste Bitte«, beim Stich der Instrumentalstimmen »möglichst bequeme« Stellen zum Blättern vorzusehen

Ein Kontakt zu Mahler kam vielleicht aus zwei Gründen nicht zustande: Zum einen war er Hofoperndirektor, und die Operndramatik war ein Regers kompositorischem Naturell völlig fernstehendes Gebiet. Außerdem war er als Komponist fast ausschließlich auf das symphonische Genre fixiert, in dem Reger noch nichts vorzuweisen hatte; vielmehr war er mit allen diesbezüglichen Versuchen gescheitert und empfand dies vielleicht als schwärende Wunde. Hinzu kommt, dass Reger mit Mahlers symphonischem Programm einer realistischen Weltdarstellung, die auch Aspekte volkstümlicher und trivialer Musik einbezog, seine Schwierigkeiten hatte; nach Mahlers Tod sollte Reger dem Meininger Herzog 1912 schreiben: »Zum großen Komponisten fehlt aber Mahler vor Allem: Stil!« Bei aller physischen Weltgebundenheit sah Reger sein Komponieren als ambitioniert humanisti-

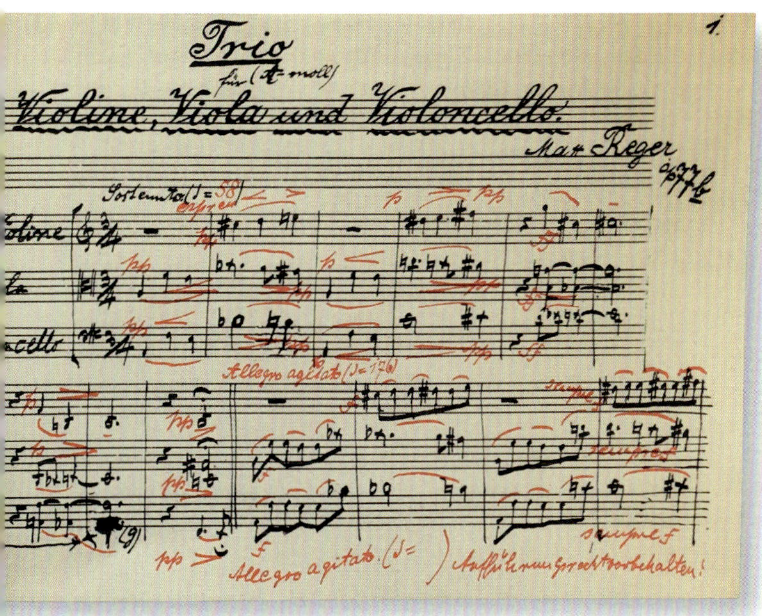

sche, ja religiöse Mission in dem Bekenntnis, »daß Kunst und Religion im innersten Wesen eins sind, daß Kunst und Religion als oberstes u. einzig zu erstrebendes Ziel das haben sollen und müssen –: die Menschheit zu veredeln, zu erheben, die Menschheit aus dem ›Irdischen‹ zu befreien.«

Trennten ihn von Mahler Welten, so bleibt jedoch unerfindlich, weshalb er in Wien auch zum nahezu gleichaltrigen Arnold Schönberg keinen Kontakt fand, obwohl dieser sich mehrfach anerkennend über seine Leistungen aussprach und ihn als einen wichtigen Komponisten der Gegenwart betrachtete. An unterschiedlicher kompositorischer Ästhetik kann es nicht gelegen haben, da Schönberg zu jener Zeit noch spätromantisch und völlig tonal schrieb; eine Distanzierung von dessen musikalischer Auffassung äußerte Reger erst 1910, als jener mit seinen Klavierstücken op. 11 bereits den Weg in die freie Atonalität angetreten hatte, der zur strengen zwölftönigen Schreibweise führen sollte.

MUSIKALISCHE PROVOKATIONEN

Bereits im Dezember 1902 hatte Reger gegenüber Straube geklagt, dass er in München »tot gemacht werde«, was er auch auf seine fehlenden gesellschaftlichen Verbindungen zurückführte. Seinem im Januar 1903 als Organist an die Leipziger Thomaskirche berufenen Freund schreibt er zwei Monate später von der Idee, ihm dorthin zu folgen: »Ich sitze hier wie auf einem Pulverfaß! Was hier von Thuille und seinen Schülern alles Erdenkliche geschieht, um mir den Aufenthalt gründlichst zu verleiden – [...] Du, höre: wenn Du definitiv am Konservatorium angestellt bist, dann wirke mal kräftiglichst, daß ich auch ans Konservatorium nach Leipzig berufen werde!«

In seinen nun folgenden Werken schonte er weder seine Interpreten noch das Publikum. Für ein Konzertprogramm mit lauter zeitgenössischen Violinsonaten im November 1903 komponierte er – in direkter Auseinandersetzung mit Thuille und Schillings – die C-Dur-Violinsonate op. 72, die, zunächst mit der Widmung »Den deutschen Kritikern«, dann »An Viele« versehen, mit den musikalischen Tonbuchstaben »(E)S-c-h-a-f-e« und »A-f-f-e« spielt. Diese Anspielungen reizte er provokativ aus, indem er während der Aufführung bei den entsprechenden Zitaten demonstrativ vom Podium aus ins Publikum auf anwesende Musikkritiker zeigte.

Im November 1903 zog das Ehepaar Reger innerhalb Haidhausens um in die Preysingstraße, wiederum in die Nähe von Eltern und Schwester, die inzwischen dorthin übersiedelt waren. Aber bereits im April 1905 erfolgte ein erneuter Umzug, diesmal in die Viktor-Scheffel-Straße 10 im Künstlervorort Schwabing.

Die Frankfurter Tonkünstlerversammlung im Mai 1904 bedeutete für Reger aufgrund seiner Mitwirkung als Komponist und Pianist nicht nur einen unumstrittenen Erfolg, sondern er lernte dort auch den französischen, in Genf lehrenden Geiger

Henri Marteau (1874–1934) kennen. Den Beginn dieser intensiven künstlerischen Verbindung markierte ein Konzert, in dem die beiden neben einer Sonate von Thuille auch Regers skandalumwitterte Violinsonate op. 72 aufführten.

Innerhalb kürzester Zeit stellte Reger nun seine zwei pianistischen Hauptwerke fertig: die *Bach-Variationen* op. 81 sowie die *Beethoven-Variationen* (für zwei Klaviere) op. 86. Letztere sollten (mit wechselnden Pianisten aufgeführt) zu seinem am häufigsten von ihm selbst aufgeführten Werk werden, mit dem er seine Tradition des Reisens in der Personalunion von Komponist und Interpret begründete.

Variationen als (Lebens-)Thema

Immer wieder hat Reger die Musik anderer Komponisten variiert, in großen Klavierzyklen etwa seinen Hausgott Bach, außerdem Beethoven und Telemann. Den *Hiller-Variationen* für Orchester gab er die programmatische Opuszahl 100, und Regers überzeitlich berühmtestes Werk sind seine sogenannten *Mozart-Variationen*. Wieso aber hat dieser originelle Komponist überbordender und ungebärdiger Phantasie sich derart oft gerade in Variationen über Musik anderer Komponisten ausgelebt?

Auf diese Frage gibt es viele und sehr abgestufte Antworten. Eine liegt auf der Hand, denn er hat selbst gesagt, dass er mit seinen Klaviervariationen an die *Händel-Variationen* seines Vorbilds Brahms anknüpfen wollte. Während dessen Variationen aber Anlass zu strengster proportionaler Bezugswahrung nach barockem Vorbild sind, verfährt Reger weniger diszipliniert und benutzt seine Variationen eher als Möglichkeit wechselnder Stimmungsbilder.

Seine Variationszyklen enden alle mit einer ausgedehnten Fuge, deren Form er mit sprichwörtlicher Meisterschaft beherrschte: »Fugenmaxl« wurde schon der jugendliche Komponist und Organist so anerkennend wie spöttisch genannt. Bei aller Variationenvielfalt war ihm die Konstruktionskunst der Schlussfuge das Wesent-

liche, auch bei seinem op. 132, den »Variationen und Fuge über ein Thema von Mozart«. Diese Schlussfugen sind in allen Variationswerken der ausgedehnteste Satz. Sind vielleicht, ketzerisch gedacht, die Variationszyklen nur *Anlass* für die abschließende große Fuge?
Auffällig und signifikant ist Regers Zug zur Maßlosigkeit: Essen, Trinken, Reisen, Arbeiten – alles betreibt er bis zum Exzess. Dies liegt für den Schweizer Musikwissenschaftler Roman Brotbeck auf einer Linie mit Regers Tendenz, sich durch einzelne Komponisten variierend und nachkomponierend »hindurchzufressen«. Alles läuft in einem geradezu vegetativen körperlichen Prozess durch ihn hindurch, bis es aus seiner Feder zu etwas Eigenem gerinnt. Indem er sich die Heroen der Musikgeschichte variierend einverleibt, komponiert er sich an ihre Seite, arbeitet sich aber auch in einer Art selbstbeobachtend assoziativem Arbeitsprotokoll hindurch zum Eigenen und Eigentlichen.

FREUNDE UND VORKÄMPFER

Einen ersten großen Erfolg in Leipzig bedeuteten im November 1904 mehrere Konzerte, in denen Reger neue Verbindungen zum Gewandhausorchester und zu dessen Kapellmeister Arthur Nikisch (1855–1922) begründete – der Grundstein für den zukünftigen dortigen Lebensabschnitt. Doch zunächst ging es ihm darum, reisend den Ausbau einer »Riesengemeinde« zu fördern, von der er sich bei auswärtigen Auftritten getragen fühlte; strategisch günstig schien das bevölkerungsreiche Rhein-Ruhr-Gebiet mit seinem dichten Netz an Konzertsälen. In Köln amtierte seit 1903 der langjährige Meininger Hofkapellmeister Fritz Steinbach (1855–1916), nun Leiter der Gürzenichkonzerte und des Konservatoriums; er sollte ein Brückenkopf der Reger-Pflege werden, wie ebenso Julius Buths in Düsseldorf. Von der seinerzeit bedeutenden Barmer Klavierfabrik Ibach ließ sich Reger gerne als Werbeträger einspannen.

In der Schweiz setzte sich der neugewonnene Freund Marteau für Reger ein, was dieser mit der Widmung einer neuen

Violinsonate fis-Moll op. 84 dankte. Und auch Heidelberg wurde zu einem Fixpunkt durch den Universitätsmusikdirektor Philipp Wolfrum, der seine begabten Schüler Hermann Poppen (1885–1956) und Fritz Stein zur weiteren Ausbildung zu Reger schickte; beide sollten konzertierend und publizistisch verlässliche Freunde und Vorkämpfer für dessen Musik bleiben.

In München war inzwischen der Wagner-Dirigent Felix Mottl an die Spitze der Akademie der Tonkunst gelangt und hatte eine Berufung Regers durchgesetzt; im Mai 1905 begann dort seine Tätigkeit als Orgel- und Theorielehrer. Dieses Vertragsverhältnis sollte jedoch nur ein gutes Jahr dauern, da Reger bereits zum Sommer 1906 kündigte. Auch in anderen Bindungen zeigte er sich wenig konziliant. So war er viel zu wenig Diplomat, als dass eine mehrmals angestrebte Führungsposition im Allgemeinen Deutschen Musikverein, der von Max Schillings und Richard Strauss dominiert wurde, realistisch gewesen wäre. Zum Tonkünstlerfest des ADM 1905 meldete Reger seine *Bach*- und *Beethoven-Variationen* an und kommentierte das gegenüber seinen Verlegern markig: »[M]it op. 81 und op. 86 schlage ich alles todt in Graz!« Das ist die überhebliche manische Kehrseite seiner depressiven, selbstquälerischen Angst vor dem Ungenügen bei der Komposition eines jeden neuen Werks.

Den Sommer des Jahres 1905 verbrachte das Ehepaar Reger in Elsas Geburtsort Kolberg (heute Kołobrzeg/Polen). Kurz zuvor hatte Reger sein erstes großformatiges Orchesterwerk beendet – eine staunenswerte Leistung neben seinen vielen Reisekonzerten und zwischenzeitlichen Kompositionen! Zunächst als Serenade mit der Opuszahl 80 geplant, deutet die für ihn unverhältnismäßig lange Entstehungsdauer von eineinhalb Jahren auf sein Ringen mit der großen Form, die sich seiner bisherigen assoziativ-variativen Arbeitsweise verweigert. Die letztendlich als *Sinfonietta* bezeichnete Komposition wurde dann als op. 90 veröffentlicht, unter Felix Mottl am 8. Oktober 1905 in Essen uraufgeführt und noch in derselben Saison in zahlreichen weiteren Städten gespielt.

KLAVIERSOLIST IN ORCHESTERKONZERTEN

Neben der Uraufführung von Regers erstem reinen Orchesterwerk begründete das Essener Konzert eine weitere Konstante in seinem Interpretenleben: Erstmals trat er als Klaviersolist in Bachs 5. *Brandenburgischen Konzert* auf und machte den großen Cembalopart zu einem rauschenden pianistischen Erlebnis. Zwar widersprach die Ausführung auf einem modernen Konzertflügel der Ästhetik der aufkommenden Originalklangbewegung, die in ihrer Historisierung ein Cembalo favorisierte. Reger, der als Pianist für sein feinsinniges und gerade in den leisen Registern abgetöntes Bachspiel berühmt war, kümmerte sich nicht um historische Korrektheit, weshalb sich Karl Straube über dessen Ignoranz in Sachen barocker Spielpraxis beklagte.

Im Dezember 1905 fand Regers erster großer Dirigentenauftritt in München statt, wo ihn die »Porges-Chorvereinigung« zu ihrem Leiter gewählt hatte – eine Verbindung, die jedoch über wenige Konzerte nicht hinauskam. Der Münchner Erstaufführung seiner neuen *Sinfonietta* konnte er nicht beiwohnen, da er das Werk zur selben Zeit höchstpersönlich in Heidelberg dirigierte. Im April 1906 hatte Reger bei einem Konzert in Berlin, bei dem er mit dem Geiger Ossip Schnirlin seine *Suite im alten Styl* op. 93 für Violine und Klavier uraufführte, einen schweren Anfall mit rechtsseitiger Lähmung. Es muss offenbleiben, ob dies eine Folge des (in Abwesenheit seiner Frau) wiederaufgenommenen Alkoholkonsums war oder durch eine organische zerebrale Störung verursacht wurde. Nach dem Abklingen der Symptome beendete er zwar die Arbeit an der Münchner Akademie, war aber nicht gewillt, sich zu schonen; im Gegenteil, die Aufstellung seiner Konzertauftritte zeigt nach den Sommerferien in Prien am Chiemsee eine ungebremste, ja noch erhöhte Reisetätigkeit. Das mag, wie Rainer Cadenbach in seiner psychologisierenden Biografie nachvollziehbar ausführt, auch auf einen Fluchtreflex vor wachsendem häuslichen Unfrieden zurückzuführen sein, dem Elsa ihrerseits bald darauf in komplexe psychosomatische Beschwerden auswich.

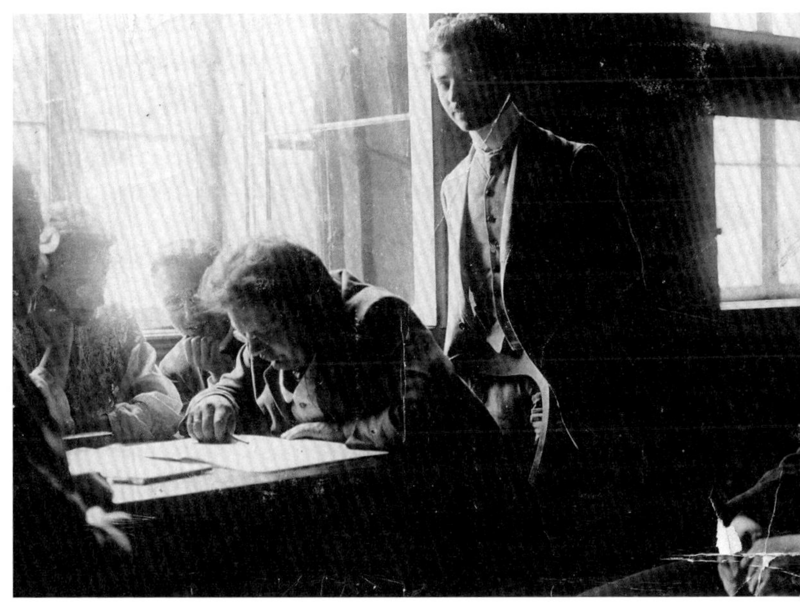

Reger beim Unterricht an der Münchner Akademie der Tonkunst, 1904

ANREGUNGEN

Reger unterrichtete nach seinem Ausscheiden aus der Münchner Akademie immer noch Privatschüler; so kam der später als Maler renommierte Alberto Savinio (1891–1952) im Oktober 1906 in sein Haus, begleitet von seinem älteren Bruder, dem heute berühmten surrealistischen Maler Giorgio de Chirico (1888–1978). Letzterer hatte sich in Regers Bibliothek in einen Bildband des Malers Arnold Böcklin (1827–1901) vertieft, dessen symbolistische Gemälde seinerzeit viele bürgerliche Haushalte schmückten und die Reger später in seiner Orchestersuite op. 128 musikalisch schildern sollte. Vielleicht wurde de Chirico bei Reger gar zu seinen eigenen enigmatischen Bildern angeregt.

Nach der aufgrund ihrer allzu dichten Faktur und wuchernden Instrumentation von der Kritik zwiespältig aufgenommenen *Sinfonietta* plante Reger, reflexhaft wie oft, ein Parallel- oder Folgewerk, das im Gedenken an den 150. Geburtstag

Mozarts »ganz leicht u. durchsichtig« werden sollte – diese *Serenade* op. 95 schien ihm »höchst ›galant serviert‹!« Die *Serenade* war zwar Felix Mottl gewidmet, wurde aber am 23. Oktober 1906 in Köln unter der Leitung von Fritz Steinbach aus der Taufe gehoben. Wiewohl die Kritik die gegenüber der *Sinfonietta* wesentlich eingängigere Thematik und durchsichtigere Instrumentation positiv vermerkte, kam es anlässlich der Uraufführung zu Differenzen mit dem Leipziger Verleger Dr. Kuhn, die den Beginn langjähriger Auseinandersetzungen bedeuteten. Vielleicht war Reger im Zusammenhang mit den im Jahr 1900 im neuen *Bürgerlichen Gesetzbuch* geregelten Urheberrechten etwas zu nonchalant, jedenfalls suchte er die mit seiner wachsenden Berühmtheit einlaufenden Angebote auch großer und renommierter Verlage zu berücksichtigen. Dabei waren seine Bedingungen allerdings maßvoll, und die durchaus nicht exorbitanten Honorarforderungen orientierten sich an den realistischen Absatzzahlen seiner Werke. Er spielte nie konkurrierende Verlagshäuser gegeneinander aus, sondern versuchte, seine Werke auf ein jeweils passendes Verlagsprogramm abzustimmen.

Als Augener, Regers erster Verleger, 1910 die Rechte an dessen frühen Werken an einen deutschen Verlag verkaufen wollte, wehrte sich der Komponist vehement, wobei es weder um finanzielle Interessen noch um Sentimentalitäten ging. Vielmehr wollte er seine Erstlingswerke nicht mehr gelten lassen, sondern hätte sie am liebsten getilgt gesehen: »Keine einzige Note von all meinen bei Augener erschienenen Jugendsünden darf nach Deutschland angekauft werden! Ich bitte Dich aufs dringendste, daß Du bei Peters all' Deinen Einfluß aufbietest, daß nichts von Augener gekauft wird! Ich erkläre hiermit meine opera 1 bis 19 und Op. 25 für heillosen Blödsinn! Also ich bin ganz und gar dagegen! Laß das Zeug schlafen!«

4 Kraft, Konstruktion, Innigkeit – Die Kammermusik

Das innerhalb von Regers Œuvre umfangreichste Genre, das zudem kontinuierlich gepflegt wurde, ist die Kammermusik. Bezeichnenderweise sind sein op. 1 (Violinsonate d-Moll) sowie seine letzte veröffentlichte Komposition, das Klarinettenquintett A-Dur op. 146, kammermusikalischer Natur. Kammermusikwerke mit und ohne Klavier bieten daher einen repräsentativen Querschnitt durch seine kompositorische Entwicklung, die von der Musikwissenschaft relativ einhellig in Frühwerke, eine mittlere, »wilde« Periode und den späten, abgeklärt klassizistischen Reger eingeteilt wird. Dementsprechend könnte man von einer frühen Phase (von 1890 bis zur Jahrhundertwende), einer mittleren von ca. 1901–1909 (beginnend mit der *»Inferno«-Phantasie* op. 57 bis zum Streichquartett op. 109) und einer als Spätwerk zu bezeichnenden Phase ab der letzten Cellosonate op. 116 (1910) sprechen. Schon auf der Basis dieser lediglich kursorischen Bilanz wird deutlich, dass sich sein quantitativ reiches Werk in eine relativ gedrängte Schaffenszeit von nicht einmal drei Jahrzehnten zwängt.

Reger arbeitete zumeist an mehreren Werken gleichzeitig, sodass trennscharfe stilistische Einordnungen kaum möglich sind. Erstaunlich regelmäßig sind seine brieflichen Mitteilungen, in denen er die Vollendung einer Komposition annonciert mit dem Hinweis, dies sei nun das Beste, was er bisher komponiert habe. Des ungeachtet stellt sich seine Entwicklung nicht teleologisch stringent dar. Eher ist an seinem Werk – im Großen wie in der einzelnen Komposition – ein typisches Kreisen zu beobachten, ein Innehalten und Wiederanknüpfen an frühere Werkcharakteristika sowie eine Wiederaufnahme unterschiedlicher Vorbilder, die jeden Fortschrittscharakter der Werkreihung unterlaufen. Zudem hatte er in seinem pausenlosen Schaffensrausch die psychologisch erklärliche Angewohnheit, gewichtigen Werken großen Stils zur Entspannung kleinere, weniger anspruchsvolle und unterhaltsame Kompositionen unmittelbar folgen zu lassen, weshalb sich manch überraschende Nachbarschaft in seinem Werkkatalog ergibt.

VORAHNUNG EINER »MUSIKALISCHEN PROSA«

Regers op. 1, die erste seiner Violinsonaten (1890, d-Moll), ist dem Lehrer Hugo Riemann gewidmet. Sie ist ganz traditionsverhaftet im Tonfall des Vorbilds Brahms. Das Scherzo ist von blitzender Erfindungsgabe; im (aus dem zweiten Scherzo-Thema entwickelten) Trio führt Reger ein neues Vortragszeichen ein: einen Zirkumflex über der Note, der nicht eine Betonung, sondern eine »gelinde Dehnung« angibt. Ihm ging es bereits im Frühwerk immer um den einen deklamatorischen Sprachfluss, den Arnold Schönberg und Alban Berg (1885–1935) als »musikalische Prosa« bezeichnet haben. Für das langsame Adagio hat er selbst das Vorbild Beethoven angegeben, während er im Finale, in den harmonischen Abgründen der aus der rhythmischen Kontinuität fallenden Passage vor der Reprise, bereits die Sprengkraft seines kompositorischen Eigenwillens aufleuchten lässt.

Auch die als op. 3 folgende Violinsonate in D-Dur und die 1899 entstandene A-Dur-Sonate op. 41 kommen noch ganz in Brahms' Fahrwasser daher. Umso polarisierender wirkte danach die 1903 in München komponierte C-Dur-Sonate op. 72, die in der Reger-Literatur als Beispiel für den »wilden« Reger herangezogen wird. Die demonstrative Provokation der Musik spaltete Rezensenten wie Publikum, aber dieses skandalöse Potential beförderte Regers Bekanntheit in jener Epoche, da der Musik noch eine geradezu politische Relevanz zuerkannt wurde und ein kompositorischer Richtungsstreit flächendeckend gesellschaftlich diskutiert wurde. Dabei erkannte ein bedeutender Kritiker wie Arnold Schering gerade bei dieser Sonate in ihm einen »aus dem Eigenen schöpfenden, originalen Geist [...] im Glauben an [seine] Mission«.

Die dem Freund Henri Marteau gewidmete fis-Moll-Sonate op. 84 (1905) bedeutete dann aber schon die Abkehr von allzu gewollter Komplexität; eine Ahnung von Regers über Zeit und Gattungsgrenzen verschränktem Denken und Schaffen vermittelt die Fuge, die in ihren ersten Noten sowie in Tonart und Artikulation eine wörtliche Vorwegnahme des finalen Fugenthemas aus seinen *Mozart-Variationen* ist. Die träumerische Leichtigkeit des Scherzos enthält – wie später das Streichquartett op. 121 – Anklänge an den Wiener Walzer.

DIE LETZTE VIOLINSONATE

Als Markstein seiner Entwicklung sah Reger die nach komplexem Schaffensprozess im Frühjahr 1915 beendete c-Moll-Sonate op. 139, auf die sich die so oft zitierte Bemerkung bezieht: »Jetzt beginnt der freie, jenaische Stil bei Reger.« Ganze Sätze hat er vernichtet und neu komponiert – so wichtig waren dem nicht immer derart selbstkritischen und skrupulösen Komponisten Ausdruck und Gehalt gerade dieses Werks. Der melodiöse Fluss ist geglättet, die harmonischen Entwicklungen vollziehen sich ungewohnt linear. Neuartig ist eine Ebene der Reflexion, in der die Musik immer wieder nach innen kreist und zwischenzeitlich zum Stillstand kommt; auch der abschließende Variationssatz wird nicht zu apotheotischer Steigerung oder in ein auftrumpfendes Fugenfinale geführt, sondern verebbt dolcissimo im dreifachen Piano. Ein größerer Gegensatz zur zwölf Jahre zuvor entstandenen Sonate op. 72 ist kaum denkbar. Eine dem Charakter der letzten Violinsonate entsprechende Besonderheit ist es, dass ihre Uraufführung nicht öffentlich im Konzertsaal erfolgte, sondern im Juli 1915 in einem Hauskonzert, mit dem Reger die neuerworbene Villa in der Jenaer Beethovenstraße einweihte.

Mit der f-Moll-Sonate op. 5 beginnt die Reihe der Cellosonaten; wirkt diese erste noch an Brahms' Vorbildern entlanggeschrieben, so hat die zweite in g-Moll op. 28 bereits einen eigenständigen Tonfall. Die F-Dur-Sonate op. 78 ist (wie die Violinsonate op. 72 und das Streichquartett op. 74) höchst komplex verschachtelt, gewinnt aber motivische Energie ebenfalls aus Anklängen an die beiden Sonaten von Brahms. Hingegen markiert die a-Moll-Sonate op. 116 vom Sommer 1910, eines der »Herzblutwerke« der Leipziger Reifezeit, Regers selbstbeschworene Modernität. Es ist die gelösteste, abgeklärteste seiner vier Cellosonaten, nicht nur von aktiv vorwärtsdrängendem Impetus, sondern bestimmt von gelassener Reflexion, manchmal gar am Rande eines träumerischen Stillstands.

KAMMERMUSIK IN TRIOBESETZUNG

Musikalischen Eigensinn bestätigt Regers op. 2, sein Trio h-Moll in der aparten Besetzung mit Klavier, Violine und Viola. Er wagt es hier bereits, auf einen bravourösen und emphatisch überhöhten Schluss zu verzichten und die dreisätzige Sonate mit langsamen Variationen abzuschließen, die zudem noch im dreifachen Piano verhallen. Die nächsten Triokompositionen entstehen erst 1904 in München; in demonstrativer Einfachheit sind sie ein explizites Gegenmodell zur Komplexität der Violinsonate op. 72 und des Streichquartetts op. 74. Die *Serenade* für Flöte, Violine und Viola D-Dur op. 77a ist schon in ihrem Titel als eher leichtfüßige Unterhaltung erkennbar; aber auch das als Schwesterwerk konzipierte unbeschwerte Streichtrio a-Moll op. 77b lässt die Traditionen eines von Beethoven und Schubert geprägten Genres hinter sich zugunsten einer divertimentohaften Spielfreude.

Dieselbe Kombination der Besetzungen nimmt Reger über ein Jahrzehnt später nochmals auf. Der »freie jenaische Stil«, den er in seiner letzten Violinsonate angeschlagen hatte und der von neuer Leichtigkeit und Innerlichkeit kündete, setzte sich fort mit der in op. 141 gepaarten *Serenade* für Flöte, Violine und Viola G-Dur (op. 141a) und dem Streichtrio d-Moll (op. 141b). Die Serenade ist eine fein gesponnene Spieluhrenmusik, und das Trio bezeichnete Alban Berg als »an Prosa gemahnende Musik«, da sich der melodische Sprachfluss aller vorhersehbaren Regelmäßigkeit weitgehend entzieht. Nirgends sonst hat Reger einen gleichzeitig ebenso dicht verwobenen wie durchhörbaren Tonfall gefunden.

ÜBERMÄCHTIGE VORBILDER

Das Klavierquintett op. 64 knüpft an die großen romantischen Vorbilder dieser Besetzung (Brahms' op. 34 und Schumanns op. 44) an, die Reger in der Komplexität des Stimmengeflechts zu übertreffen sucht. Zwar führt er damit die Musiker wie die Hörer seiner Zeit an neue und ungewohnte Aufgaben heran; allerdings gehen allzu oft die Einfälle seiner durchgearbeiteten Meisterschaft in der Massierung des polyphonen Geflechts unter. Sprechendes Beispiel dafür ist der monumentale Kopfsatz, der relativ gewalttätig und abrupt zu Ende gebracht wird. – Das nachfolgende Vivace ist karikaturhaft kurz und wirkt wie ein burleskes Vorspiel zum (attacca anschließenden) Lento addolorato e con gran affetto, dem ausgedehnten langsamen Satz. Dessen Eröffnungstakte sind ein pianistisch brütender, harmonisch richtungsloser Monolog, dem erst die hinzutretenden Streicher einen stellenweise geradezu schwärmerischen melodischen Überbau verleihen. Der Satz mäandert hingegen richtungslos durch allerlei harmonische Untiefen bis zu seinem überraschend plötzlichen Ende. Vielleicht sind diese Satzschlüsse, die wie übers Knie gebrochen wirken, auch ein Hindernis für die Eingängigkeit des Quintetts gewesen und ein gewichtiger Grund, weshalb Regers Erwartung, sein Klavierquintett könne ins Repertoire eingehen, sich nicht erfüllt hat.

Gleiches gilt für das Klaviertrio op. 102; zwar ist seine Faktur wesentlich durchsichtiger, da Violine und Cello zumeist parallel oder kanonisch geführt werden (wie im Mittelteil des Scherzos). Das Trio, zu Beginn der Leipziger Zeit entstanden, lässt bereits die melodische Gelassenheit der kommenden Großwerke aus dieser Reifezeit ahnen, und der Fugeneinschub im Finale ist ein Paradebeispiel spielerischer Meisterschaft.

LUZIDER SPÄTSTIL

Die beiden ersten in op. 49 vereinigten Klarinettensonaten waren im Frühjahr 1900 entstanden und sind nach dem Zeugnis von Adalbert Lindner Regers kompositorischer Reflex auf ein Konzert mit Johannes Brahms' Klarinettensonaten op. 120: »Schön, werde ich auch zwei solche Dinger schreiben!« Beide Sonaten klingen denn auch beinahe wie eine Fortschreibung Brahms' mit Anklängen an dessen typischen Ton, motivischem Bezug der Instrumente aufeinander und rhythmischer Spannung von Duolen gegen Triolen. – Von ganz anderer Gestalt ist die Sonate op. 107 (1908/09), die der Klarinette einen traumverloren sinnenden Charakter verleiht und trotz weitgesponnener Linien weniger von melodischer Entwicklung als von reflektierend nachdenklichem Kreisen bestimmt ist. So sind auch die Sätze durch Zitate und motivische Anklänge verklammert; alle enden in leise verdämmernden Schlüssen.

In dieser Charakteristik ähneln sich die Klarinettensonate und Regers letztes vollendetes Werk, das A-Dur-Klarinettenquintett op. 146. Aber nicht allein aus dieser Stellung in seinem Œuvre bezieht das Quintett seinen Vermächtnischarakter; eindeutig hörbar sind die Reverenzen an die Vorbilder Mozart und Brahms. Auch hier ist das für sein Spätwerk so typische Kreisen um reflexive Stimmungen vorherrschend, verbunden mit einem oftmaligen Innehalten: Ein Ritardando und wieder ansetzendes a tempo sind gestaltbestimmende Merkmale dieser nachdenklichen, aller Erdenschwere enthobenen Musik.

KOSMOS DER STREICHQUARTETTE

Nach dem noch vor seinem Studium komponierten braven Jugendquartett aus Weiden von 1889, das noch ganz nach Schubert klingt, hat Reger zwischen 1900 und 1911 fünf vollwertige Streichquartette geschaffen, die den Weg seiner kompositorischen Emanzipation spiegeln. Die beiden Quartette op. 54 sind im Bewusstsein der Genretradition noch ganz dem kompositorischen Gestus des bewunderten Johannes Brahms verpflichtet. Hörbare Reverenz ist im g-Moll-Quartett op. 54,1 dieser jubelnde Brahms-Tonfall im direkten Zitat, wenn die 1. Violine eine Passage des Soloparts von dessen Violinkonzert aufnimmt (Takt 50, agitato assai). Die Themenverarbeitung spinnt sich in einem langgestrickten polyphonen Stimmengeflecht fort; die später für Reger so charakteristische Fragmentierung der Themenblöcke und motivischen Einzelelemente ist hier erst in zarten Ansätzen zu vernehmen. Das attacca anschließende Vivace assai ist schon echter »urfideler« Reger und gibt sich unproblematisch, während das an dritter Stelle stehende Largo mesto die Einzelstimmen in polyphone Verstrickungen treibt. Im für ihn typischen Bedeutungswechsel der Sätze – dem zufolge erster und dritter, langsamer Satz die Schwerpunkte seiner musikalischen Aussage enthalten, während zweiter und vierter Satz eher (wenn auch hochvirtuos) unterhaltsamen Scherzo-, Variationen- oder Fugencharakter haben – endet das Quartett mit einer spielerischen Fuge.

Das zweite Quartett aus op. 54 in A-Dur eröffnet Reger in seinem zuweilen skurrilen Humor mit einem Allegro assai e bizarro und weist damit schon auf den spielerischen Ton der späteren Serenaden aus den opp. 77 und 141 voraus. Vor dem leichtfüßigen Finale variiert der langsame Mittelsatz dieses ausnahmsweise dreisätzigen Quartetts ein volksliedhaftes Thema.

In seinem d-Moll-Quartett op. 74 erhebt der Komponist im Sommer 1903 höchst selbstbewusst den Anspruch einer symphonischen Ausdehnung: Das Werk dauert fast eine Stunde, wobei der Kopfsatz und der dritte, ein Variationssatz, jeweils mit knapp 20 Minuten zu Buche schlagen. Dabei ist das Quartett Regers komplexester Beitrag zu dieser Werkgattung. Die Gestaltung des Kopfsatzes mit mehreren kontrastierenden Themenblöcken hat das Formmodell Anton Bruckners zum Vorbild, den er (später auch als Dirigent) sehr schätzte. Der Serenadenton im ersten Satz erinnert an die kokette Klangmagie des verehrten Hugo Wolf. Einen seltsam folgenlosen Einschluss von Fremdmusik, von Reger selbst als »Episode« bezeichnet, bildet die melismatisch langgezogene, orientalisch anmutende Kantilene der Primgeige (Buchstabe H, in der Reprise bei T), die mit Dämpfer und klanglos sul tasto, also mit dem Bogen über dem Griffbrett, ausgeführt werden soll. Nach polyphonen Verwicklungen hilft sich Reger (bei Buchstabe O) geradezu durch eine Flucht in die Fuge. Der zweite Satz ist von burleskem Charakter mit einem winzigen Trioteil, und nach dem an dritter Stelle stehenden schlichten Siciliano-Variationssatz schließt das als Kehraus-Finale durchgestaltete Rondo.

»AN PROSA GEMAHNENDE KONSTRUKTIONEN«

Mit seinem Quartett op. 109 in Es-Dur fühlt sich Reger auf der Höhe seiner Unabhängigkeit und Meisterschaft und demonstriert dies mit polyphoner Virtuosität. Im Kopfsatz, in den er kleine homophone Zufluchtsinseln einbettet, breitet er sein Themenmaterial aus, das er aus motivischer Abspaltung und Reihung gewinnt. Dabei wird der musikalische Fluss durch ständiges Innehalten unterbrochen, wie bei einem Wanderer, der an jeder Wegbiegung seine musikalischen »Haltungen« überprüft. In seinem diskontinuierlichen Verlauf ist der Satz wieder eine der »an Prosa gemahnende[n] Konstruktionen«, die Alban Berg Reger zuschreibt und in denen er den »Grund der relativ schweren Eingängigkeit seiner Musik« sieht. – Der zweite Satz spult sich als irrlichterndes 6/8-Quasi-Presto ab, das Reger »ganz luftig und von aller Erdenschwere befreit« dachte. Im langsamen Larghetto ist er ganz bei sich und entwickelt eine polyphone Phantasie, die nicht mehr episodisch ist, sondern eine großbogige Erzählung, die durch Themenübernahmen aus dem Kopfsatz eine Kontinuitätsachse erhält. Das Finale bildet – wie so oft – eine geistvolle rasche Fuge, als deren Höhepunkt der Komponist den überwältigenden »Knalleffekt« (Adorno) eines gleichzeitigen Erklingens aller Themen setzt – eine Überraschung, die jedoch durch vorherige Temporücknahmen vorhersehbar und dadurch ihrer Wirkung ein wenig beraubt ist.

Die Uraufführung von op. 109 besorgte im November 1909 das Böhmische Streichquartett (unter Mitwirkung von Antonín Dvořáks Schwiegersohn Josef Suk als Sekundgeiger und Hanuš Wihan, dem Widmungsträger von Dvořáks Cellokonzert), mit dem Reger oftmals konzertierte. Dies führte zu einer Rehabilitierung des noch nicht arrivierten op. 74, dessen sich die »Böhmen« nun annahmen; außerdem wurde Reger durch die gemeinsame Aufführung von Brahms' Klavierquartett op. 60 zu seinem d-Moll-Klavierquartett op. 113 angeregt. Und den »Böhmen« ist denn auch sein letztes Streichquartett fis-Moll op. 121 vom Sommer 1911 gewidmet, wobei das Werk durchgehend eine klingende Dedikation an den volksmusikantischen Geist der böhmischen Musik (mit wienerischen Einsprengseln) darstellt. Der Kopfsatz verströmt »grazioso« Walzerseligkeit und stellt eine nostalgisch grundierte Phantasie über die Musik der Habsburgermonarchie dar bis hin zu direkten Anklängen an Johann Strauß' *Wiener Blut*. (Zu gleicher Zeit hob Maurice Ravel den Walzer aus den Angeln, wenn er ihn in seinen *Valses nobles et sentimentales* bis an den Rand der Selbstzerstörung überdrehte.) Auch im vorbeihuschenden Vivace und im lang ausgesungenen Adagio weht nochmals wie von Ferne Wiener Musik herüber. Der finale Rondo-Kehraus ist bis hin zu dem deftigen Schluss eine Hommage an die großen böhmischen Komponisten Bedřich Smetana und Antonín Dvořák; nirgends sonst in seinem Œuvre bemüht sich Reger derart explizit um einen authentischen Volkston.

KLAVIERQUARTETTE UND STREICHSEXTETT

»Von Fugen und ähnlichem Unfug habe ich jedoch – merkwürdigerweise – abgesehen«, schreibt Reger im Mai 1910, unmittelbar nach Fertigstellung der Komposition, voller Sarkasmus und Selbstironie über sein erstes Klavierquartett op. 113 in d-Moll. In der Tat hält diese überbordend expressionistische Komposition nicht die für sein Werk gewohnten Effekte bereit: kein burleskes Scherzo, und nach dem tiefgründigen langsamen Satz keine Variationen oder keine Fuge als Finale, sondern ein diskursives Allegro energico, das jeden Spieler bis zur Selbstbehauptung vorantreibt.

Das zweite Klavierquartett op. 133 in a-Moll ist wieder von ganz anderer Faktur; es entstand im Sommer 1914 und ist nicht nur zeitlich verschränkt mit den *Mozart-Variationen*: Das viersätzige, im üblichen Reger'schen Wechselspiel von inhaltsschweren (erster und dritter) und kapriziös-unterhaltsamen (zweiter und vierter) Sätzen gehaltene Quartett atmet die verspielte Serenitas wie die abgeklärte Innerlichkeit des parallel entstandenen Orchesterwerks.

Im F-Dur-Streichsextett op. 118, Ende 1910 komponiert, spiegelt sich eine (in der Klarinettensonate op. 107 und der Cellosonate op. 116 schon angedeutete) neue Innerlichkeit, die Reflexion über das eigene Schaffen mit einer Nachdenklichkeit gegenüber den letzten Dingen verbindet. Wiederholt wird die Tonkombination b-a-c-h zum Dreh- und Angelpunkt der Komposition; das langsame Largo con gran espressione nannte Reger gar sein »Gespräch mit dem lieben Gott«.

BACH ALS VORBILD

Ein »musikalischer Keuschheitsgürtel« war für Reger die Reihe der Solowerke für ein Streichinstrument. Ihre Einzigartigkeit liegt zum einen in der extremen Reduktion der kompositorischen Mittel, zum anderen in der Nähe zum Vorbild Bach, der in seinen Sonaten und Partiten für Violine und den sechs Cellosuiten unerreichte (allerdings auch bis dato nie mehr nachgeahmte) Vorbilder geschaffen hatte. Regers vier Solosonaten für Violine op. 42 überhöhen diese Tradition mit zirzensischer Akrobatik, wohingegen die sechs *Präludien und Fugen* op. 131a sowie die *Drei Duos im alten Stil für zwei Violinen* op. 131b vor allem minimalistische therapeutische Handgelenksübungen während des Meraner Sanatoriumsaufenthalts nach dem großen Zusammenbruch im Frühjahr 1914 bedeuten.

Demgegenüber sind die jeweils drei Solosuiten für Violoncello (op. 131c) und Viola (op. 131d), im Jenaer Sommer 1915 nach der richtungsweisenden letzten Violinsonate op. 139 entstanden, ureigenstes Reger'sches Idiom. In welchem Ausmaß aber auch hier Bach über die Schulter geschaut hat, zeigt die abschließende Fuge aus der ersten Cellosuite in G-Dur. Das Thema ist den *Goldberg-Variationen* entlehnt, mit denen Reger sich kurz zuvor herausgeberisch beschäftigt hatte: Es ist das auf einen ¾-Takt gestreckte und auf eine viertaktige Periode erweiterte Quodlibet, die 30. Variation auf das Volkslied »Kraut und Rüben haben mich vertrieben«.

Neurasthenie

Führt man sich die Fülle von Regers Tätigkeiten, sein mörderisches Arbeitspensum und die dichten Reisen zu seinen Konzerten vor Augen, kann er aus heutiger Sicht nur als Workaholic bezeichnet werden, der sich durchaus von einem »Dämon«, der Arbeitswut, getrieben sah. Er fühlte sich gehetzt zum rastlosen kompositorischen Schaffen und in ruhelose Konzertreisen, suchte seine Unrast mit Alkohol zu betäuben und vermochte es – trotz vielfältiger Warnungen von Seiten seiner Ärzte, wohlmeinender Freunde wie des Meininger Herzogs oder seiner Frau – nicht, sich zu schonen; vielleicht verweigerte Reger sich sogar unbewusst der Einsicht in die Konsequenzen.

Neben dieser Getriebenheit war sein übersteigerter Geltungsdrang Ausprägung einer muskelspielenden wilhelminischen Kraftmeierei. Als deren psychopathologischer Ausdruck können die Briefe des manischen Schreibers Reger betrachtet werden; nicht nur kreisen sie in einer Endlosschleife um immer die gleichen Alltäglichkeiten, wiederholen immer wieder dieselben Forderungen und Details, sondern geben diesen zwanghaften Repetitionen auch noch strukturelles Gewicht durch mehrfache Unterstreichungen von Schlüsselwörtern. Für den Organisten Sigfrid Karg-Elert war Reger der personifizierte Ausdruck des »oft widerlich bombastisch sich gebärdenden Deutschland unserer Jahrzehnte«.

Es ist signifikant, dass sich Regers Karriere parallel zu den zivilisatorischen Beschleunigungen des »elektrischen Zeitalters« entwickelte. Die Veränderungen, welche die Ausbreitung der Elektrizität im Alltag um 1900 bewirkte, sind sicherlich vergleichbar den heutigen Effekten der raumgreifenden Nutzung von Smartphone und Internet, die medizinisch als mögliche Ursache für zunehmende Nervosität und abnehmende Konzentrationsfähigkeit gesehen wird.

Vielleicht bedeutete sowohl für Reger als auch für seine Frau die Familie weniger Herzensausprägung und Suche nach echter Harmonie, sondern war als Kulisse das Gerüst einer Bürgerlichkeit, die weder der schöpferische Künstler noch die ehrgeizige Adlige wirklich leben konnten und wollten. Flüchtete Reger sich in Arbeit, Reisen und Alkohol, so zog sich Elsa in die um die Wende zum 20. Jahrhundert gängigen psychosomatischen Beschwerden zurück: Sie sei – laut Reger – hysterisch und »nerveus«, was seinerzeit ebenso häufig wie modisch mit »Neurasthenie« diagnostiziert wurde.

5 Vorstoß zu den »Herzblutwerken« (Leipzig 1907–1911)

Im Januar 1907 konkretisierten sich in Leipzig die Planungen, Reger aus München in die sächsische Musikmetropole zu holen. Unterstützung fand diese Initiative in seinen Leipziger Verlegern Lauterbach & Kuhn, Henri Hinrichsen als Inhaber des Peters Verlags sowie insbesondere im Vertrauten Karl Straube, der seit 1903 als Organist an der Thomaskirche wirkte und am Königlichen Konservatorium als Orgellehrer unterrichtete. Vorgesehen waren für Reger gleich zwei Posten: der des Universitätsmusikdirektors sowie eine neu zu schaffende Meisterklasse für Komposition am Konservatorium. Diese Pläne stießen jedoch nicht auf ungeteilte Zustimmung, da Reger als Katholik nicht ins protestantische Leipzig zu passen schien und ihm auch nicht grundlos ein skandalöser Ruf vorauseilte. Adolf Wach, bedeutender Leipziger Juraprofessor und langjähriges Mitglied der Gewandhausdirektion, der Felix Mendelssohns jüngste Tochter Elisabeth geheiratet hatte, konnte in einem Schreiben an den sächsischen Kultusminister die herrschenden Bedenken ob Regers Konfession zerstreuen. Er wies darauf hin, dass jener »ein eifriger Komponist evangelischer Kirchenmusik« und durch die Heirat mit einer Protestantin exkommuniziert sei; außerdem »ist sein Katholizismus so brüchig, daß man in München ihm das schwer verübelt«. Auf Wachs Intervention hin trennte man das konfessionell gebundene Amt des Universitätsorganisten in der Paulinerkirche von der Direktorenstelle, sodass im Februar 1907 beide Positionen, die des Universitätsmusikdirektors und des Kompositionsprofessors, Reger zum 1. April angeboten werden konnten. Solcherart kurzfristiges Verfahren erscheint uns heute unvorstellbar, aber bereits einen Monat nach dem Angebot erfolgte Ende März der Umzug nach Leipzig.

VERLAGSSTADT LEIPZIG

Der Wegzug aus München, in dessen Kulturbiotop Reger nicht heimisch geworden war, in die geistig freiere Leipziger Luft be-

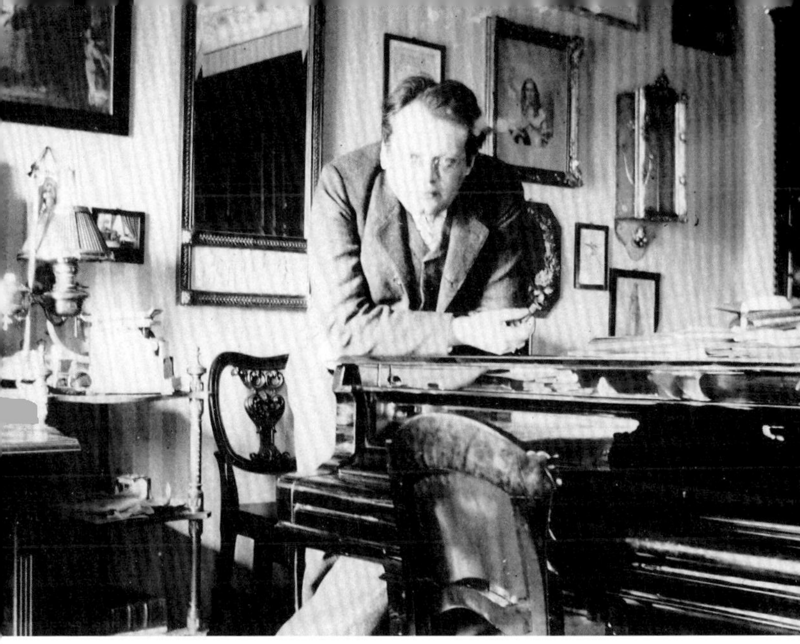

Reger 1908 am Flügel in seiner Leipziger Wohnung, fotografiert von Martha Ruben, die während Elsa Regers Abwesenheit den Haushalt führte

deutete eine fruchtbare Zäsur; Leipzig erschien ihm als verheißungsvolles Pflaster für einen neuen Lebensabschnitt. Die Stadt war die Zentrale des deutschen Buchwesens; auch zahlreiche Musikverlage waren hier angesiedelt, und nicht zuletzt das Gewandhaus als strahlkräftige Institution mit Arthur Nikisch an der Spitze bot ihm neue Entfaltungsmöglichkeiten. Vor allem war Leipzig aber die Stadt Bachs, und hier zu wirken bedeutete für Reger, sich in die geistige Nachfolge des »heiligen Sebastian« an dessen wichtigstem Wirkungsort zu stellen.

Auch seine Reisetätigkeit als Dirigent vornehmlich eigener Werke und als Pianist blühte vom günstig gelegenen Bahnknotenpunkt Leipzig aus erst richtig auf. Obwohl er auf Einladungen aus dem außereuropäischen Ausland fast völlig verzichtete und das gut ausgebaute deutsche Eisenbahnnetz Konzerte in dichter Folge ermöglichte, sollten sich die Belastungen der Reisestrapazen dramatisch auf seine Gesundheit auswirken und zu seinem frühen Tod beitragen.

Kurz nach seinem Einzug in die neue Wohnung in der Felixstraße 4 (»in bester Lage, in allernächster Nähe des Theaters, der Universität, in einer sehr stillen Straße, vis à vis von Gärten mit großen Bäumen«) schreibt Reger an seinen Protektor Adolf Wach einen Brief, der eigentlich ein Programm seiner Kompositionsvorhaben darstellt: »Leipzig, 1.4.1907. Ostermontag! [...] morgen schon werde ich mich in meine Arbeit stürzen; ich habe vom 1. Oktober 1906 bis heute nicht eine Note geschaffen, da ich immer auf Konzertreisen war [...]. Nun habe ich während meiner endlosen Eisenbahnfahrten im letzten Winter soviel im Kopfe ausgearbeitet, das jetzt zu Papier muß: a) Variationen und Fuge für Orchester über ein ›lustiges‹ Thema von J. A. Hiller (1770); b) Trio für Violine, Violoncello, Pianoforte; c) Konzert für Violine und Orchester. Alle diese Sachen will und muß ich zu Beginn der nächsten Konzertsaison gedruckt ›heraus‹ haben, besonders eilen die Orchestervariationen, deren Uraufführung schon anfangs Oktober im Gürzenich zu Köln ist [...]. Außerdem ›plagt‹ mich der 149. Psalm für großen Chor, Orchester und Orgel! Karl Straube erbat sich ein neues Orgelwerk. Den Herren Halir, Petri, Rosé, Schörg etc. hab' ich ein neues Streichquartett versprochen!«

Regers »›schöpferische‹ Laune ist in bester Verfassung«, wie er schreibt, und in den viereinhalb Jahren seiner Leipziger Periode, zwischen April 1907 und Oktober 1911, entstehen 22 ausgedehnte Opera. In obigem Brief bereits angekündigt sind die *Hiller-Variationen* op. 100, das riesige Violinkonzert op. 101, das Klaviertrio op. 102 und der oratorische *100. Psalm* op. 106 (anstelle des ursprünglich vorgesehenen 149. Psalms); diese Werke sind binnen zweier Jahre bis 1909 komponiert.

Weitere 15 großdimensionierte Werke entstehen in den folgenden zwei Jahren bis 1911, darunter die ausgedehnte Klarinettensonate op. 107, der *Symphonische Prolog zu einer Tragödie* op. 108, das (im Brief an Wach angesprochene und ihm gewidmete) Streichquartett op. 109, der erste der drei *Geistlichen Gesänge für Chor a cappella* op. 110, die mystische Vertonung von *Die Nonnen* op. 112, mit opp. 113 und 121 zwei weitere Streichquartette, das gigantomanische Klavierkonzert op. 114, die (dem Leipziger Celloprofessor Paul Klengel gewidmete) Cellosonate op. 116, das Streichsextett op. 118, die Vertonung von Hebbels *Weihe der Nacht* op. 119, *Eine Lustspielouvertüre* op. 120 und die Violinsonate op. 122. Danach sollte das schon in Meiningen komponierte *Konzert im alten Styl* op. 123 in seiner kompositorischen Rückschau einen neuen, fruchtbaren Lebensabschnitt einleiten.

Arbeitsweise und Schaffensprozess II

»Ja, wissen Sie denn, [...] was es heißt, produzieren zu *müssen*? Sich gar nicht retten zu können vor den immer unaufhaltsam auf uns eindringenden Einfällen?« Derartige Klagen bilden ein Kontinuum in Regers Briefen, aber der »wilhelminische Leistungsethiker« (Susanne Popp) war zu familiärer Entspannung, gar zu Müßiggang nicht veranlagt: Mit jedem Werk glaubte er sich neu beweisen zu müssen. Ein Kritiker meinte gar ironisch, man habe »Reger« immer für den Namen einer Kompositionsfabrik gehalten, derart schnell sei der kompositorische Ausstoß wie am Fließband erfolgt – was sich mit Regers eigener Bezeichnung als »Accordarbeiter« trifft.

Dabei saß er im kompositorischen Richtungsstreit der Epoche auch stilistisch zwischen allen Stühlen: Von den »neudeutschen« Liszt-Nachfolgern um Richard Strauss wurde er (vielleicht wegen seines ausgedehnten Orgelschaffens) als reaktionär angesehen, von den Traditionalisten der Brahms-Nachfolger als überbordend formlos etikettiert. Susanne Shigihara bringt dieses Dilemma auf den Punkt: »[...] völlig aus der Mode gekommene Formen wie Sonaten, Fugen, Variationen, Passacaglien u. ä. füllt er mit einer durchchromatisierten, dissonanzenreichen Harmonik und Polyphonie [...]« In einer Art »mäanderndem Erzählprozess« zeigt sich ein von Rainer Cadenbach einfühlsam herausgestellter »respiratorischer Zug«: Die Musik des starken Zigaretten- und Zigarrenrauchers Reger wirkt in Agogik (accelerando – ritardando) und Dynamik (crescendo – decrescendo) wie ein ständiger Atemstrom. Dieses wellenartige Auf und Ab hat Cadenbach (mit Verweis auf Regers komplexe psychosomatische Leidensgeschichte) als »Gezeiten« charakterisiert, als einen an- und abschwellenden Rhythmus, der sein Werk unbewusst durchdringt, und zwar vom großen Werkplan bis in die kleinsten Verästelungen der Gestaltungsprinzipien. Regers musikalisches Merkmal eines ständigen Ritardandos bis zum Stillstand mit anschließender Wiederaufnahme des Tempos ist als atmende, sprachtypische Prosakonstruktion erfahrbar. Weder lag ihm an der Inspiration als Themen(er)findung noch an der Themenverarbeitung im Sinne eines schulmäßigen Sonatenhauptsatzes. Das Kreisen um melodische Topoi zeigt ihn vielmehr als Meister der variativen Themendurchformung.

Das »Kunststück«, immer mit der zuvor bereitgelegten Menge an Notenblättern auszukommen, deutet Cadenbach umgekehrt: Vielleicht war es eher Regers Fähigkeit und Technik, ein Stück auf ein Ende zuzuführen, wenn das vorgesehene Notenpapier zur Neige ging!

STRATEGIE DER »HERZBLUTWERKE«

Wie inspiriert und planvoll Reger den neugewonnenen kompositorischen Impetus in Leipzig nutzen wollte, verrät auch ein Brief vom Sommer 1907 an Lauterbach & Kuhn, die das geplante Violinkonzert aufgrund der zu erwartenden Unkosten nicht verlegen wollten, sondern lieber kleinformatige Klavierstücke für das häusliche Musizieren forderten. Er schrieb ihnen selbstbewusst: »Da ich nun gerade jetzt in meiner besten Schaffenskraft mich befinde [...] sah ich mich gezwungen, [...] einen Verlag zu finden, bei dem ich meine nun schnell aufeinanderfolgenden Werke *großen* Styls unterbringen kann.«

Zu Vorkämpfern für sein Werk wuchsen dabei neugewonnene Leipziger Musikerfreunde wie der Cellist Julius Klengel, ehemaliger Solocellist des Gewandhausorchesters und international bedeutender Professor, der Widmungsträger der a-Moll-Cellosonate op. 116 und der G-Dur-Solosuite aus op. 131c. Eine freundschaftliche Vertrautheit entwickelte sich auch mit dem in Leipzig lebenden Bildhauer Max Klinger (1857–1920), der Reger das Gipsmodell seines monumentalen Leipziger Beethoven-Denkmals verehrte.

IRRITATIONEN

Die seit 1904 gewachsene künstlerische Nähe zum französischen Geiger Henri Marteau ließ in Reger den Wunsch aufkommen, ihn als Professor nach Leipzig zu verpflichten, nachdem jener seine bisherige Position in Genf aufgeben wollte. Letztlich entschied sich Marteau aber, nach Berlin zu gehen und dort 1908 an der Königlichen Hochschule die Nachfolge des Brahms-Freundes Joseph Joachim anzutreten. Reger widmete ihm (nach der Sonate op. 84) nun das Violinkonzert op. 101, das jener am 15. Oktober 1908 im Gewandhaus unter der Stabführung von Arthur Nikisch uraufführte. Was ihn und Reger auseinanderbringen sollte, war weniger der andauernde Misserfolg des allzu »monströs« angelegten Konzerts als vielmehr ein Eklat beim Dortmunder Reger-Fest 1910.

Die neue örtliche Nähe zu Karl Straube hingegen war überraschenderweise der bislang symbiotischen Zusammenarbeit abträglich. Unverbrüchlich betrachtet Reger den gleichaltrigen Freund als Ratgeber und bemerkt nicht dessen fachliche wie menschliche Entfremdung. Immer wieder sucht er um Verabredungen nach, lädt Straube zum Abendessen ein und beklagt sich darüber, dass dieser sich zurückziehe. Die Distanzierung schlägt sich auch im Werk nieder: Das große neue Orgelwerk für ihn, das Reger 1907 in dem programmatischen Brief an Wach ankündigt, sollte erst 1913 in Meiningen als Auftragswerk für die Einweihung der neuen Orgel in der Breslauer Jahrhunderthalle entstehen.

Reger führte, wenn er in Leipzig war, ein geselliges und für Freunde gastliches Haus, wurde aber von Besuchen derart be-

Ein prominenter Besucher: Stefan Zweig

Ein prominenter Leipziger Besucher war 1907 der Dichter Stefan Zweig (1881–1942), dessen Gedicht *Ein Drängen ist in meinem Herzen* Reger im Jahr zuvor als op. 97,3 mit der Vortragsbezeichnung »Sehr bewegt und ausdrucksvoll« vertont hatte. Eine weitere Zweig-Vertonung *(Neue Fülle)* entstand 1907 als erstes der *Sechs Lieder* op. 104.

In seinen im Exil verfassten Erinnerungen »Die Welt von gestern«, einem bewegenden Rückblick auf das alte Europa, das dabei war, in der Apokalypse des Zweiten Weltkriegs unterzugehen, hat der Dichter über den Komponisten geschrieben: »Die unvermutetste Überraschung von allen jedoch war, daß Max Reger, neben Richard Strauss der größte damals lebende Komponist, sich an mich um die Erlaubnis wandte, sechs Gedichte [...] vertonen zu dürfen; wie oft habe ich seitdem davon eines oder das andere in Konzerten gehört – meine eigenen, von mir längst vergessenen und verworfenen Verse durch die brüderliche Kunst eines Meisters hinübergetragen über die Zeit.« – Anlass für Zweigs Besuch war es wohl, die Möglichkeit einer Zusammenarbeit zu sondieren: Dem sich abzeichnenden Beginn von Strauss' symbiotischer Beziehung mit dem Dichter Hugo von Hofmannsthal wollte Zweig eine eigene Arbeitsverbindung entgegensetzen. In unerschütterlicher Selbstgewissheit sah er sich auf Augenhöhe mit Hofmannsthal und wollte Reger zur Vertonung eines noch nicht existierenden Librettos gewinnen. Dabei verkannte er aber völlig, dass jener kein Komponist großer dramatischer Entwicklungen war, sondern seine musikalischen Charakterisierungen neben der kleinen lyrischen Form durchweg episch ausbreitender Wirkung sind. So hatte Reger bereits am 29. März 1907 als Antwort auf Zweigs angekündigten Besuch und den in Aussicht gestellten »Operntext« mit Hinweis auf seine »absolute«, d. h. nicht textlich oder programmatisch ge-

bundene Musik geschrieben: »Aber: ob ich je – ich als ganz absoluter Musiker – eine Oper komponieren werde – das weiß ich noch nicht, bezweifle es aber sehr!«
Neun Jahre später wirkt Zweig dann viel distanzierter, als er Romain Rolland von Regers Tod berichtet. Dabei übertreibt er wiederum die eigene Wichtigkeit, ist aber wie gewohnt hellsichtig im Erfassen von dessen Charakter und Wirkung: »Der uns in Deutschland starb, Max Reger, war 43 Jahre alt, einer der letzten, die innerlich die sittliche Kraft hatten, der Verführung der Oper zu widerstehen. Sein ganzes Leben war im Wachsen, die Unbändigkeit seines Temperaments, die seine Kunst nährte, hat leider zugleich sein Leben zerstört. Trinker bis zum Excess, dickbäuchig, plump, der Urtypus eines verbummelten Studenten, hatte er im Augenblick, da er in die Tasten griff, eine silberne Glorie von Beschwingtheit um sich. Ich habe ihn gekannt, er hat eine Reihe von Gedichten von mir vertont, und sowenig ich auch von seiner Kunst hingerissen war, so sehr fühlte ich doch den beharrlichen Aufstieg zur Zucht in ihm, der jetzt so brüsk unterbrochen ist [...].«
Der »Verführung der Oper zu widerstehen«, so dies als Beschreibung einer Tugend gemeint war, vermochte Zweig selbst nicht: Er war, als Strauss nach Hofmannsthals vorzeitigem Tod auf der Suche nach neuen Opernstoffen war, dessen hilfreicher Textdichter für *Die schweigsame Frau* nach Ben Jonson. Aufgrund eines von Strauss 1935 an seinen jüdischen Librettisten gerichteten Briefs, der von der Gestapo abgefangen wurde, musste Strauss sein Amt als Leiter der Reichsmusikkammer aufgeben.

lagert, dass er sich oftmals verleugnen ließ und verkündete, verreist zu sein. Bei den »Geheimräten« der Universität und von der Leipziger Gesellschaft fühlte er sich sofort angenommen. Dass seine Wirkung hingegen durchaus zwiespältig war, notiert Harry Graf Kessler, der Chronist seiner Epoche, in seinem Tagebuch: »Reger ist ein Koloss, dick, ungeschlacht, von ungesunder Gesichtsfarbe, kindlich vulgär im Gespräch: es fing gleich damit an, dass er als guten Witz erzählte, wie er [...] einem Freund an einem kalten Wintertage weichen Käse in die Überzieher Tasche that, so dass der Unglückliche, als er die Hände in die Taschen steckte, in das übelriechende Zeug hineingreifen musste; u.s.w. auch noch andre Eulenspiegeleien. Aber Bach spielt er mit einer Zartheit und Innigkeit, mit einer Frische, wie ich es sonst noch nicht erlebt habe; wirklich engelhaft. Merkwürdig das Zusammenwohnen dieser Einheit und dieser ganz groben Unkultur in einer Brust. In allem, was nicht Musik ist, scheint er zurückgeblieben auf dem Standpunkt eines Handwerkslehrlings.«

ZWEI ADOPTIONEN

Elsa Reger scheint sich vor der Arbeitswut ihres Gatten und den immer häufigeren und längeren Konzertreisen als Dirigent und Pianist in nervöse Störungen geflüchtet zu haben. Gleich mit dem Umzug nach Leipzig hatte sie, die unter der Trauer um den Tod ihrer kurz zuvor verstorbenen Mutter wie unter der Einsamkeit am neuen Wohnort litt, sich – wahrscheinlich nicht zuletzt auch aus ehetherapeutischer Motivation – um die Adoption eines Kindes bemüht. Bereits im Juli 1907, also drei Monate nach ihrem Umzug nach Leipzig, nahmen die Regers an Kindes statt ein zweijähriges Mädchen an, das sie Christa nannten. Die Sommerferien verbrachte die kleine Familie wieder in Kolberg, wo Reger am Violinkonzert arbeitete, aber auch stolz in seiner neuen Vaterrolle aufging, wie er an Straube schrieb: »Wir befinden uns hier sehr wohl; Christa ist der Liebling aller; allerorts heißt's, sie sähe mir so ähnlich u. hätte so viel Eigenschaften von mir geerbt! Das ist zum Schießen!«

Nachdem die Adoption ein Jahr später formaljuristisch vollzogen war, nahm das Ehepaar im Oktober 1908 (zum heimlichen Entsetzen von vertrauten Freunden) gleich ein weiteres Mädchen im Alter von 1½ Jahren an. Reger fand sich in einer neuen Aufgabe als hingebungsvoller, wiewohl strenger Vater,

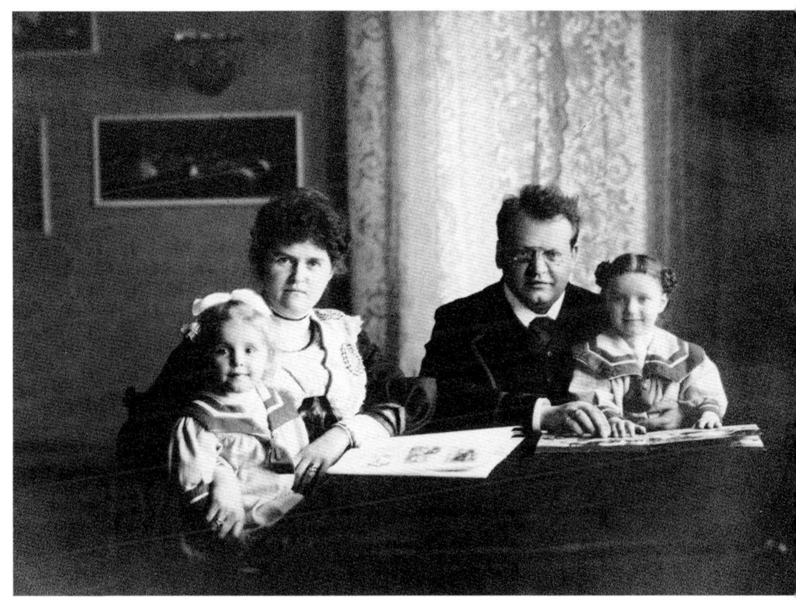

Elsa und Max Reger mit den Adoptivtöchtern Lotti (l.) und Christa (r.) beim Bücherlesen in Leipzig, 1910

und Charlotte, die »Lotti« genannte Jüngere der beiden Mädchen, hat ihre liebevollen Erinnerungen 1936 unter dem Titel *Max Reger als Vater* in Buchform veröffentlicht.

Einiges spricht aber dafür, dass diese bürgerliche Idylle nicht zuletzt als Fassade aufrechterhalten wurde: Elsa Reger war gerade im Jahre 1908 über längere Zeit hinweg zu Krankenhaus- und Kuraufenthalten abwesend; in dieser Zeit führte Martha Ruben, eine Wiener Sängerin und Vertraute Max Regers, den Haushalt. Zwar bleiben alle weitergehenden Überlegungen über die Natur der Beziehung zu ihr, die von Elsa misstrauisch betrachtet wurde, müßige Spekulation; Reger scheint aber in seiner wiederholt geäußerten moralischen Prüderie nicht für ein außereheliches Verhältnis prädestiniert gewesen zu sein. Eine auch von den Freunden wahrgenommene Veränderung war aber seine entspannte Haltung während Elsas Abwesenheit.

Christa und Lotti Reger

Jahrelang hielten Elsa und Max Reger die Herkunft ihrer Kinder vor ihnen geheim; erst im September 1915 erfuhren die Mädchen von ihrer Adoption.

Christa wurde 1905 als Marie Martha Heyer in Leipzig geboren. Als Heranwachsende litt sie unter schweren Erkrankungen wie Diphtherie und war monatelang aufgrund einer Nierenerkrankung ans Bett gefesselt. Sie brauchte mehrere Anläufe zu einer Ausbildung als Säuglingspflegerin, geriet darüber in Streit mit Elsa und sagte sich im Dezember 1925 endgültig von ihr los; 1928 wurde sie von ihr enterbt. 1931 schloss Christa ihre Ausbildung zur Hebamme ab und heiratete Georg Staubach; aus der Ehe gingen drei Kinder hervor. Ab 1947 arbeitete sie, inzwischen geschieden, als Hebamme an der Frauenklinik in Darmstadt, wo sie 1969 starb.

Lotti wurde 1907 in Leipzig geboren; ihr Geburtsname war Selma Charlotte Meinig. Sie war ein kräftiges und sportliches Mädchen, das Krankenschwester wurde und 1929 den Kinderarzt Dr. Joachim Ferdinand Brock heiratete, mit dem sie vier Kinder hatte. Nach ihrer Entfremdung von Elsa Reger wurde sie 1943 ebenfalls enterbt; sie starb 1963 in Hamburg.

REGER ALS PÄDAGOGE

Wenig erfreulich entwickelte sich seine Tätigkeit als Universitätsmusikdirektor; dessen einzige Aufgabe war eigentlich die Leitung des Universitäts-Männerchores an der Paulinerkirche. Die Herren sahen sich jedoch eher als studentische Verbindung denn als semiprofessioneller Gesangsverein mit dem Ehrgeiz, bei großen Musikereignissen mitzuwirken. Von Reger wurde neben der unbestritten fundierten musikalischen Arbeit auch die Teilnahme an den ausgedehnten feuchtfröhlichen Kneipveranstaltungen erwartet – was er nicht leisten konnte und wollte.

Reger hätte seine Aufgabe als Universitätsmusikdirektor gerne in den akademischen Bereich ausgedehnt und Vorlesungen gehalten, was ihm durch das mittlerweile angespannte Verhältnis zu seinem ehemaligen Lehrer Riemann jedoch nicht gestattet wurde. Nach nur einem halben Jahr am Konservatorium wurde ihm bereits am 7. November 1907 vom sächsischen König der Professorentitel verliehen. Sein Unterricht am Konservatorium wird in den Erinnerungen seiner Schüler jedoch recht unterschiedlich beurteilt. Gnadenlos pedantisch quälte er jeden Studenten zunächst mit einem geradezu mechanistischen Verfassen von vierstimmigen Chorälen und Fugen, ehe er, manchmal auch widerstrebend, die Kompositionen seiner Schüler begutachtete. So berichten die Erinnerungen von Alberto Savinio, der 1906 in München kurzzeitig bei ihm studiert hatte: »Il mio professore Max Reger insegnava a ›scrivere‹ musica, e a disprezzare chi ›inventa‹ musica.« Reger unterrichtete also, Musik zu ›schreiben‹, nicht etwa, Musik zu ›erfinden‹; er stellte also eher Aufgaben zu mechanisch-technischer Arbeit und suchte die Schreibgelenkigkeit seiner Studenten durch das permanente Verfassen von Fugen oder Kanons zu fördern.

Bedeutende Schüler waren Hermann Poppen, der im Jahr nach Regers Tod seine Erinnerungen verfasst hat, und Hermann Grabner (1886–1969), den Reger nach Meiningen mitnahm und ihm Orchesterpraxis als Bratscher in der Herzoglichen Hofkapelle verschaffte. Grabner sollte in den 1930er-Jahren – wie sein Lehrer – in Leipzig Universitätsmusikdirektor und Kompositionsprofessor werden. Wilhelm Rettich (1892–1988) berichtet aus seiner Leipziger Studentenzeit zwischen 1909 und 1912: »Eine Zeitlang ließ sich Reger – infolge ärztlichen Verbots jeglichen Alkoholgenusses – seine nachmittäglichen Kännchen Schokolade aus dem nahen Café Hannes bringen, die er mit stoischem Heroismus austrank – leider war diese Abstinenzperiode nicht von langer Dauer. Von Mitschülern erinnere ich mich [...] noch des bekannten Theoretikers Hermann Grabner, von dem ich verschiedentlich etwas aufgeführt habe – auch George Szell, damals ein Junge von etwa 14 Jahren, geisterte eine kurze Zeit herum.« Auch der Schweizer Othmar Schoeck (1886–1957) zählte eine kurze Zeit zum Leipziger Schülerkreis.

George Szell als Schüler

Als György Széll 1897 in Budapest geboren, war George Szell ein pianistisches und kompositorisches Wunderkind. Nach früher Ausbildung in Wien folgte um 1910 ein kurzes Intermezzo als Schüler Regers in Leipzig. Der 14-jährige Hochbegabte erhielt für seine Kompositionen einen über zehn Jahre laufenden Exklusivvertrag mit der Universal Edition. Bekannter wurde er als Dirigent; von 1946 bis zu seinem Tod 1970 leitete er das Cleveland Orchestra und führte es in die Spitzengruppe der amerikanischen Orchester. In seinen Erinnerungen schwärmt er von Regers öffentlichen Analysestunden, die von unbestrittener Anziehungskraft und großer Einprägsamkeit waren. Kritisch betrachtet er allerdings dessen Unterricht: »Ich war nicht besonders von ihm angezogen. Ich tendierte mehr in Richtung Strauss, aber ich musste Regers großartige handwerkliche Überlegenheit bewundern. Diese drei Monate Unterricht bei Reger waren für mich nicht besonders produktiv.« Reger erzählte seiner Klasse oft »die größten Zoten«, schickte aber zuvor den erst 13-jährigen Szell aus dem Raum. Reger habe eine ziemlich nachlässige Einstellung gegenüber dem Unterricht gehabt und entließ den Jungen nach der ersten Stunde mit einer unmöglich zu erfüllenden Aufgabe: »Also heute ist Dienstag, der nächste Unterricht ist Freitag. Bis dahin schreibst Du 30 Menuette und 15 Choräle.« Szell war überfordert und kam freitags »mit einem halben Menuett und einem Choral oder etwas Ähnlichem«. – Regers Analysestunden erwiesen sich hingegen als »unvergesslich«; besonders die Betrachtung von Bruckners VIII. Symphonie war »äußerst profund, sehr phantasiereich, nicht bloß zergliedernd«. Und auch sein Klavierspiel hinterließ einen bleibenden Eindruck: »Er war ein massiger und ungehobelt aussehender Mann [...] aber wenn er ans Klavier ging, hörte man den samtesten Anschlag und die höchste pianistische Delikatesse, die ich je vernommen habe.«

REPRÄSENTATIONSBEDÜRFNIS

Regers ausgeprägte Titelsucht ist oft belächelt, aber auch tiefenpsychologisch betrachtet worden als Sublimierung von Komplexen, unbedingt einer Gesellschaftsschicht zugehören zu wollen, die er andererseits durch schlechtes Benehmen ostentativ verachtete. Dazu zählten sowohl Adels- und Hofkreise als auch die akademische »geheimrätliche« Wissenschaftselite der Universitäten. So sondierte er bei seinen Auftritten in den zahlreichen deutschen Residenzen inoffiziell die Möglichkeit, einen Orden oder eine entsprechende Auszeichnung zu erhalten, die ihm mehr bedeuteten als ein eventuelles Honorar. Hatte er einen akademischen Titel erhalten, so spielte er dessen Bedeutung manchmal herunter. Als ihm Reinhold Anschütz, Rechtsanwalt und einflussreiches Mitglied des Gewandhausdirektoriums, zum Leipziger Professorentitel gratulierte, schrieb er ihm zurück: »Sehr verehrter Herr Doktor! Ich bitte Sie speziell: mein Name ist Reger; nicht Professor. Die Titelsucht überlasse ich gerne denen, die solche Sachen nötig haben! Es gibt nur einen Titel, der heißt: Doktor [...].« Um diesen Titel buhlt er nun regelrecht, allerdings nicht in Leipzig, sondern an der traditionsreichen Jenaer Universität, wo Fritz Stein seit 1906 als Universitäts- und Stadtorganist, später auch als Universitätsmusikdirektor amtierte.

Am 31. Juli 1908 wurde Reger in Jena zum Dr. phil. h. c. promoviert; in der Feierstunde kam der erste Teil des *100. Psalms* op. 106 zur Uraufführung. Noch am selben Tag teilte Reger seiner Mutter und seiner Schwester mit: »Jena hat vor mir nur zwei Musiker zu ›Ehrendoktoren‹ der Philosophie ernannt: Robert Schumann und Hans von Bülow! In Deutschland sind jetzt zwei Musiker Ehrendoktoren: Richard Strauß und ich.« Und an seinen Verleger Hinrichsen schrieb er: »Der Dr. honoris causa ist der einzige Titel, auf den ich ›stolz‹ bin; damit erachte ich meine ›weltliche‹ Laufbahn für abgeschlossen!« Mit dieser gesellschaftlichen Anerkennung war bereits der Grundstein gelegt für den Umzug nach Jena 1915 und zum – nach seiner Meininger Tätigkeit – übernächsten und letzten Abschnitt seines so gedrängten und kurzen Lebens.

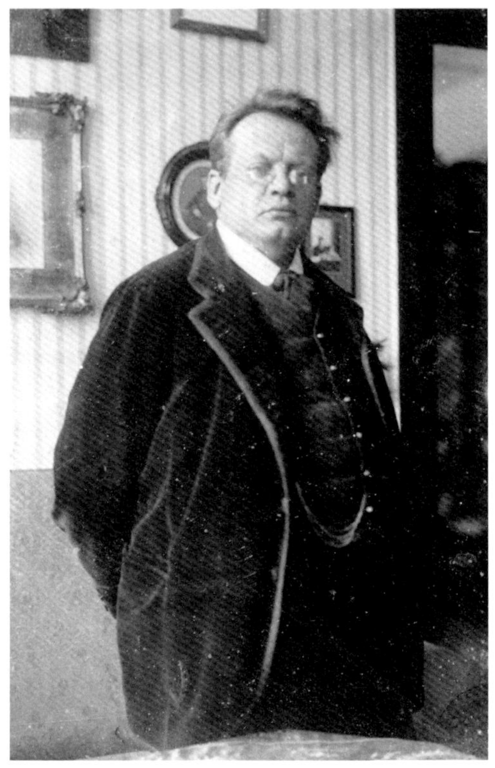

Reger im Wohnzimmer seiner Leipziger Wohnung

VERLEGERPROBLEME

Nach Ablehnung des Violinkonzerts durch Lauterbach & Kuhn hatte der Peters Verlag dieses Werk sofort ins Programm genommen, weshalb Reger mit fliegenden Fahnen zu Hinrichsens Peters Verlag überwechseln wollte. Zwar war der Komponist nach dem ursprünglichen, in jugendlicher Euphorie auf Lebenszeit geschlossenen Exklusivvertrag an Lauterbach & Kuhn gebunden, aber er fühlte sich mit seiner Hinwendung zu großformatigen Werken bei einem kleinen Verlag nicht mehr gut aufgehoben. Nach komplexen juristischen Auseinandersetzungen blieb Reger seinem alten Verlag bzw. bis 1913 dessen Rechtsnachfolger Bote & Bock zwar verpflichtet, konnte aber

Henri Hinrichsen: Ein mäzenatischer Unternehmer
Im Dezember 1906 unterbreitete der Verleger Henri Hinrichsen, der Eigentümer des renommierten Leipziger Peters Verlags, Reger das großzügige Angebot, ihm 10.000 Mark zu zahlen, wenn er »sich verpflichten könne, vom 1. April 1907–31. März 1908 keine oder höchstens zehn Konzerte zu geben«. Mit dieser nicht bloß mäzenatischen, sondern auch unternehmerisch weitsichtigen Maßnahme wollte er ihm einen Anreiz geben, sich seiner eigenschöpferischen kompositorischen Tätigkeit zu widmen, ohne Rücksicht auf Auftragswerke oder Einkünfte aus Konzerten nehmen zu müssen: »Ich denke, Sie sollten unter das Konzertieren einen dicken Strich ziehen, und vielleicht mit der Motivierung, dass Sie an einem grossen Werke arbeiten, alles ablehnen, um dann in schönster Ruhe Ihrer schöpferischen Tätigkeit zu leben.« Reger solle »einzig nur solche Werke in Angriff nehmen, zu die [sic] Sie Ihr Innerstes unwiderstehlich zieht!« Und Hinrichsen betont, dass er »diesen Vorschlag Ihnen nicht als Verleger mache […], sondern einzig als Freund Ihrer Muse und als Förderer der Kunst«. Die Großzügigkeit dieses Stipendiums lässt sich an einem Blick auf Regers Unkosten bzw. Gehälter ermessen: Als er am 1. April seine Leipziger Ämter antritt, erhält er als Universitätsmusikdirektor (ohne Pensionsberechtigung) 2.000, für die Leitung einer Meisterklasse am Konservatorium (mit nur sechs Wochenstunden Unterricht!) 3.000 Mark p. a.; die erste Wohnung in der Felixstraße 4 kostet ihn eine Jahresmiete von 2.200 Mark.
Er nahm Hinrichsens Angebot gerne an, wollte und konnte sich aber nicht in dem Ausmaß aus dem Konzertleben zurückziehen, wie jener es sich ausbedungen hatte: Über die festgesetzte Höchstgrenze hinaus schmuggelte er noch einige Auftritte in Leipzig und auswärts in seinen Kalender. Zwar war ihm bewusst, dass er damit eine Rückzahlung der Förderung riskierte; ihm war aber die Propaganda für sein Werk auf Konzertrei-

sen ebenso wichtig wie der Schöpfungsprozess selbst. Zudem spürte er, dass er für zurückgezogenes Schaffen nicht geeignet war; nach Wesen und Charakter wenig sesshaft, brauchte er die Bühne – im wörtlichen wie im übertragenen Sinne: Er wurde durch Konzertreisen und die Aufführungen eigener wie fremder Werke in besonderer Weise zum Komponieren angeregt. Seine Konzerttätigkeit mag aber auch bereits in diesem Stadium seiner Ehe und trotz der Aufnahme der ersten Tochter ein ausgeprägter Fluchtreflex gewesen sein, um sich heiklen Auseinandersetzungen, unerwünschten (Selbst-)Erkenntnissen und eventuellen Konsequenzen nicht stellen zu müssen.
Obwohl der von Hinrichsen beabsichtigte Effekt nicht vollständig erreicht wurde, wirkte die Förderung als Auslöser für den Schaffensschub der Leipziger Jahre und als Ferment für die großen »Herzblutwerke«.

zahlreiche große Werke bei renommierteren Verlagen unterbringen; in seinen letzten Lebensjahren wurde Simrock sein Hauptverleger.

Bereits im Mai 1907 hatte Reger durchaus genüsslich das Gerücht wiedergegeben und gleichzeitig dementiert, er »ginge als Nachfolger Mahlers nach Wien«. Für eine Position als Operndirektor wäre der vollständig opernunerfahrene Reger freilich wenig geeignet gewesen; außerdem war ihm die »Scheinwelt« des Theaters aufs Höchste suspekt. Umso gelegener kam ihm im Juli 1908 ein Angebot aus Wien, für dessen umgehende Verbreitung er selbst sorgte: »[…] soeben war ein Spezialgesandter des österreichischen Kultusministeriums bei mir, der mir die erste Kompositionslehrerstelle anbot mit sofortiger Pensionsberechtigung für mich und meine Frau! Bitte, teilen Sie das umgehendst […] den anderen Herren des Direktoriums mit!« Die nun in Gang gesetzten Bleibeverhandlungen mit dem Konservatorium führten zu einem bis 1914 verlängerten Vertrag und einer erheblichen Gehaltssteigerung: Statt bislang 3.000 Mark erhielt er nun 9.000 Mark jährlich. Dieser

Rückenwind gab ihm die Möglichkeit, sein ungeliebtes Amt als Universitätsmusikdirektor noch im Oktober 1908 aufzugeben.

Die Hauptarbeit des Sommers 1908, den die Familie in Berchtesgaden verbrachte, war eine »Ouvertüre leidenschaftlich dramatischen Charakters« und »ganz großen symphonischen Stils«; als *Prolog zu einer Tragödie* op. 108 war die Komposition zwar Nikisch gewidmet, wurde aber im März 1909 in Köln unter Steinbach uraufgeführt.

Die Leipziger Uraufführung des Violinkonzerts, von Reger als »Riesenbaby« bezeichnet, war im Oktober 1908 trotz Marteaus unbestrittener Leistung kein durchschlagender Erfolg gewesen. Auch andere Geiger nahmen sich des Werks an, wie Alexander Schmuller, der es 1909 unter Regers Leitung in Berlin spielte. Auf Empfehlung Steinbachs spielte der 16-jährige Adolf Busch (1891–1952), Schüler des Kölner Konservatoriums, ihm das Konzert auswendig vor, am Klavier begleitet von seinem älteren Bruder Fritz (1890–1951), dem später so bedeutenden Dirigenten. Reger dirigierte auch Konzertaufführungen mit Adolf Busch als Solisten, doch verstärkte sich dabei seine Erkenntnis, dass die Instrumentation zu dick und das Werk insgesamt zu lang geraten sei. Nach 1912 wollte er sein Konzert nicht mehr aufgeführt wissen. Seine letzte und nicht mehr vollendete Komposition war 1916 ein *Andante und Rondo capriccioso* op. 147 für Solovioline und Orchester, als gefällige Kompensation für den großartigen Adolf Busch gedacht.

Die wachsende berufliche wie private Nähe zum Peters Verlag und zu dessen Inhaber Hinrichsen hatte diesen immer wieder mahnen lassen, die kräftezehrenden Konzertreisen zu beschränken, um mehr Zeit zum Komponieren zu gewinnen. Aber Regers Drang, in Konzerten eine vitale Aufführungstradition seiner Werke zu etablieren, ließ sich nicht bremsen. So wechselte ein mit großen Kompositionen verbrachter Sommer mit einem Konzertwinter ab, der – abgesehen von den Unterrichtsaufenthalten in Leipzig – vor allem durch den »Konzertfahrplan« diktiert wurde. Seinerzeit beschränkten sich die Konzerte im Wesentlichen auf das Winterhalbjahr; eine durchgehende Konzertsaison war nicht üblich, und die mehrmonatige Sommerpause war noch nicht durch die heute vielerorts etablierten Festivals unterbrochen.

Dass Regers Ruf auch im Ausland anschwoll, zeigen etwa wiederholte Einladungen nach Holland, ein triumphaler Aufenthalt in Sankt Petersburg im Dezember 1906 (wo sich der 15-jährige Sergej Prokofjew über seine harmonischen Kühnheiten wunderte) und eine ehrenvolle Einladung nach London im Mai 1909, wo er eine Einführung in sein kammermusikalisches Schaffen geben konnte. In der Folge kam es zu Londoner Aufführungen der *Hiller-Variationen* und des *Symphonischen Prologs zu einer Tragödie* durch den legendären Londoner Dirigenten und Musikvermittler Henry Wood.

Das Jahr 1910 brachte – neben der fortwährenden Reisetätigkeit – die Publikation der opp. 112 bis 115, die er wieder in rasender Geschwindigkeit niedergeschrieben hatte; das Finale seines monströsen Klavierkonzerts op. 114 hatte er in nur fünf Tagen notiert! Außerdem hatte er zwei große Kammermusikwerke komponiert, die trotz ihrer gedrängten Entstehung einen völlig neuen, geradezu entspannten und befreiten Ausdruck zeigen: die Cellosonate a-Moll op. 116 und das Streichsextett op. 118. Dieser permanente Werkausstoß führte zu Regers Selbstbeschreibung als »den ewigen Wöchner«.

DAS ENDE EINER FREUNDSCHAFT

»[I]ch sitze 10 000 Meilen tiefst in Arbeit!«, schrieb er im März 1910 an Straube, wobei ihn neben den Kompositionen auch die Organisationsarbeit für ein dreitägiges Reger-Fest beschäftigte, das im Mai 1910 in Dortmund stattfinden sollte. Insgesamt fünf Konzerte sollten einen repräsentativen Überblick über Regers Œuvre vermitteln und seinen Ruhm stabilisieren.

Mit Marteau als Mitinitiator des Festes kam es in Dortmund jedoch zu einem Eklat, da der im Innersten sittenstrenge Reger dessen Scheidung und zweite Ehe nicht gutheißen konnte. (Hier findet sich eine Parallele zum Verhältnis von Johannes Brahms und Joseph Joachim, das erst nach Jahren und bezeichnenderweise mit Brahms' *Doppelkonzert* op. 99 wieder harmonisiert wurde.) Die Entfremdung der beiden war

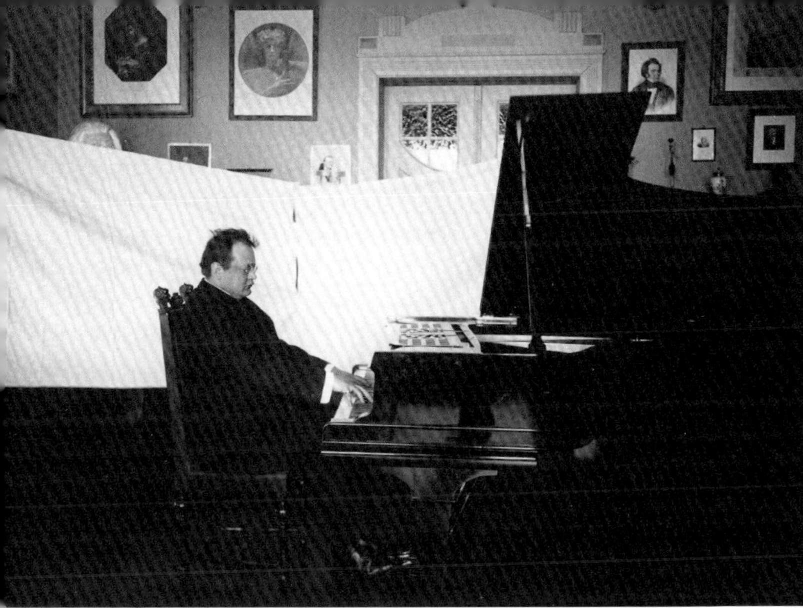

Reger posiert am Flügel in seiner Meininger Wohnung

unüberbrückbar. Außerdem mag eine Rolle gespielt haben, dass Reger inzwischen andere Interpreten für sein Violinkonzert kennengelernt hatte und auf den Uraufführungssolisten nicht mehr angewiesen war, zumal er selbst wachsende Distanz zu diesem Werk einnahm.

Mehrere Male hatte Reger in der Folge Gelegenheit, mit bedeutenden Komponisten zusammenzutreffen, doch sind leider keine seiner Eindrücke überliefert. Ende Mai war er beim Zürcher Tonkünstlerfest zu Gast, wo sein Klavierquartett op. 113 uraufgeführt wurde. Die ebenfalls anwesenden jungen Ungarn Béla Bartók (1881–1945) und Zoltán Kodály (1882–1967) finden bei ihm keine Erwähnung. Regers Stillschweigen über seine Eindrücke bei Mahlers Uraufführung seiner VIII. Symphonie am 12. September 1910 in München wurde bereits erwähnt. Mit Mahler, der nach seinem Weggang aus Wien 1907 jede winterliche Konzertsaison über in New York lebte, konnte sich Reger insofern auf Augenhöhe fühlen, als er im Oktober 1910 Einladungen für mehrere Tourneen durch die USA (»*garantiertes* Honorar 280 000 M«) erhalten hatte, die er jedoch nicht antreten wollte.

»SANITÄTSRAT«

Der Titelsucht Regers hat ein weiterer Ehrendoktor geschmeichelt: Im Oktober wurde ihm zusammen mit dem Schriftsteller Wilhelm Raabe und dem Maler Hans Thoma anlässlich der Hundertjahrfeier der Berliner Universität von deren medizinischer Fakultät der »Dr. med. h. c.« verliehen. Die Begründung lautete, »daß nichts so sehr geeignet ist, das Gemüt des bedrückten und kranken Menschen zu erheben und aufzuheitern, als die wahre Kunst, und daß insbesondere Max Reger, auf der Kunst der alten Meister fußend, [...] sie dem Volke zugänglich gemacht hat«. Dies entbehrt nicht einer bitteren Note, denn obwohl er nun einige Briefe spaßeshalber als »Sanitätsrat« unterzeichnete, blieb Reger seiner eigenen Physis und Psyche gegenüber uneinsichtig bis hin zur Selbstgefährdung. Als Alibi und Ausweis seiner vermeintlich bärenstarken Gesundheit und seiner drahtseilstarken Nerven mussten als Spaziergänge getarnte Gewaltmärsche und mehrstündiges Schwimmen herhalten.

Das am 15. Dezember 1910 unter der Stabführung von Nikisch uraufgeführte Klavierkonzert in f-Moll op.114 war – trotz der glänzenden Leistung der Solistin Frida Kwast-Hodapp – ein von der Kritik hämisch kommentierter Misserfolg. Hinzu kam, dass im Januar 1911 die Leipziger Erstaufführung der chorsymphonischen Vertonung von *Die Nonnen* op. 112, die beim Dortmunder Fest uraufgeführt worden war, ohne Begründung (und vor allem ohne vorherige Benachrichtigung Regers) von der Gewandhausdirektion abgesetzt wurde. Dies veranlasste ihn zu der Klage: »Je mehr Erfolg ich auswärts habe, umso schlechter werde ich hier behandelt! [...] daß solche Dinge in mir den Gedanken auslösen, wo anders hinzugehen, werden Sie mir nicht verübeln können.«

EINE DIRIGENTENSTELLE IN SICHT

Im November 1910 spielte Reger seine Klarinettensonate op. 107 mit Hermann Wiebel, dem Soloklarinettisten der Meininger Hofkapelle. Reger, der sich schon mit dem Gedanken eines Abschieds aus Leipzig trug und den insbesondere die ständige

Leitung eines erstklassigen Orchesters reizte, sprach Wiebel auf die durch den todkranken Wilhelm Berger nicht mehr ausgefüllte Meininger Dirigentenstelle an: »Es wäre mein größter Wunsch, wenn ich Kapellmeister in Meiningen werden könnte. Dann könnte ich meine Werke so aufführen, wie ich sie mir beim Komponieren gedacht habe. Ihr seid das einzige Orchester von Rang, das wirklich die Zeit zu ausgiebigem Probieren hat, da ihr keinen Operndienst habt.«

Als Berger im Januar 1911 starb, musste sich Herzog Georg II. (1826–1914) mit der Nachfolge beschäftigen und suchte den Rat seines Vertrauten Fritz Steinbach, der vor seiner Kölner Position 17 Jahre lang die Meininger Hofkapelle geleitet hatte; dieser setzte sich für den Oberpfälzer ein: »Reger ist der größte absolute Musiker der Jetztzeit. Er fußt auf Bach + Brahms. Seine Compositionen sind zum Teil sehr schwer verständlich, gehören aber zum Bedeutendsten nach Brahms. Seine Berufung wäre eine Sensation wie s. Z. die von Bülow. Er ist ein ganz herrlicher Klavierspieler – Bach spielt ihm Niemand nach – + ein ausgezeichneter Dirigent. [...] Ich glaube ja nicht, daß er sehr lange in Meiningen wie überhaupt in jeder Stellung bleiben wird, aber musikgeschichtlich wäre die Periode seiner Thätigkeit als Kapellmeister jedenfalls interessant + für die Kapelle lehrreich und ehrenvoll.« Außerdem hält Steinbach noch den später renommierten Carl Schuricht (1880–1967) für geeignet, und er empfiehlt seinen Schüler Fritz Busch, der aber für diese Position noch zu jung ist.

Bei den nun einsetzenden Sondierungen forderte Reger mit 9.000 Mark Jahresgehalt dieselbe Summe wie am Leipziger Konservatorium. Der sparsame Herzog, der die Hofkapelle aus seinem Privatvermögen finanziert, will aber nicht mehr zahlen als 6.000 Mark, das Spitzengehalt des Hofes. Außerdem argumentiert er, dass Reger ja nur für das Winterhalbjahr im Dienst für die Hofkapelle sei; den Rest des Jahres sei er »Freiherr« und könne konzertierend Geld verdienen. Reger willigt ein, behält aber seine Leipziger Professur bei und konzentriert seine dort vertraglich fixierten sechs Wochenstunden in aller Regel auf den Donnerstag. Dafür übernimmt die herzogliche Hofkasse sogar die Hälfte der Kosten, die nach seinem Umzug nach Meiningen für den noch laufenden Mietvertrag der Leipziger Wohnung anfallen.

ANSTELLUNG IN MEININGEN

Bereits am 17. März 1911 wird die Anstellungsurkunde unterzeichnet, und tags darauf schreibt Steinbach an Georg II.: »Wie er körperlich ein Übermensch ist, für den es keine Anstrengungen giebt – so schwimmt er z. Bsp. zwei bis 3 Stunden lang anhaltend – so kann er auch übermenschlich viel vertragen. Und daher stammt sein Ruf als Trinker. Er kann ausgelassen sein wie ein Kind + ist dabei einer der ernstesten Denker. Man muß ihn Bach spielen hören, um die Größe + Tiefe seines Gemüths zu erkennen. Ich freue mich für die Hofkapelle, daß Ew. Hoheit Reger anstellen wollen. Die Kapelle geht jedenfalls einer interessanten Periode und anregenden Proben + Aufführungen entgegen. [...] Für Reger selbst kann die Stellung in Meiningen von größtem künstlerischen Einfluss sein in Bezug auf sein Schaffen.«

Erstmals traf Reger mit seinem neuen Dienstherrn am 19. Juni 1911 in Bad Wildungen zusammen, wo sich der Herzog zur Erholung aufhielt. Der 85 Jahre alte Georg, eine stattliche, wenn auch schon gebeugte Gestalt mit einem mächtigen Rauschebart, und der große, etwas derbe Komponist fanden sofort Gefallen aneinander. So schrieb der Herzog sogleich an seine Ehefrau: »Also Reger: Er ist ein großer stattlicher Mann mit etwas fettem Gesichte das einen sehr freundlichen Ausdruck hatte. Der Mund ist in seiner Ausdehnung nicht groß[,] im Profil tritt er etwas hervor. Seine Sprache ist weich und nicht laut. Ich mußte sehr aufpassen, um ihm folgen zu können in dem Intereßanten, das er nach Tisch, wo er zuthulich geworden war, sprach. Die Frau ist hübsch u. spricht sehr schnell und bei ihrem Mann auch dazwischen, was er geduldig erträgt. [...] Er giebt sich ganz natürlich ohne Faxen. Seine Manieren sind nicht die eines Höfling's, so legte er oft beide Arme auf den Tisch. [...] Ich hatte den Eindruck, einen eminenten Mann vor mir zu haben. [...] ich glaube seine Wahl war die glücklichste [...].«

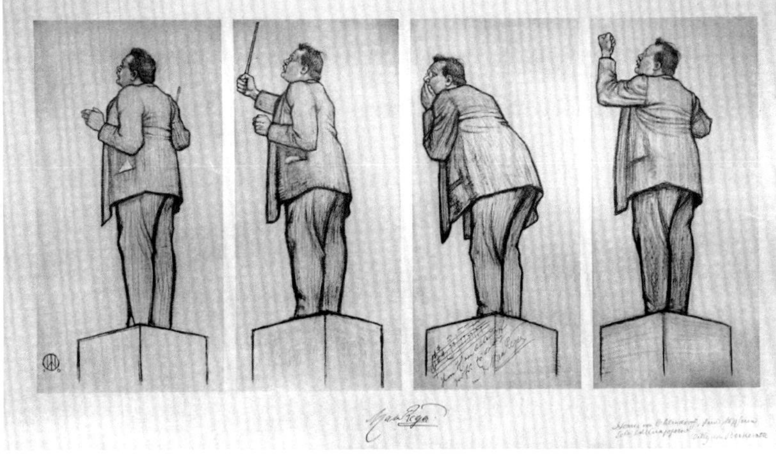

Reger dirigiert seine Hiller-Variationen in der Hamburger Musikhalle, festgehalten von Willy von Beckerath, 1909

Aufgrund seiner bestehenden Konzertverpflichtungen konnte Reger seinen Dienst in Meiningen nicht zu Saisonbeginn am 1. Oktober 1911 antreten, sondern erst am 1. Dezember. Wie ernst er die vor ihm liegende Aufgabe nahm, zeigte sein Entschluss, nunmehr weitestgehend auf Alkohol zu verzichten – ein Vorsatz, den er tatsächlich zwei Jahre durchhalten sollte.

Regers fotografisches Gedächtnis

Willy Strecker (1884–1958), der nachmalige legendäre Chef des Mainzer Schott Verlags und charismatische Lenker der Geschicke der Neuen Musik in Deutschland, war als junger Mann bei Regers erstem Verleger Augener in London angestellt. Da der Komponist bei seinem London-Besuch im Frühjahr 1909 den Wunsch geäußert hatte, die Kunstmuseen zu besuchen, führte Strecker ihn in die riesige National Gallery, wo er ihm die wichtigsten Gemälde zeigen wollte. Reger wollte jedoch keine Auswahl vorgeführt bekommen, sondern alles sehen: Er »bewegte sich stumm und mechanisch von Bild zu Bild, von Saal zu Saal«. Danach spielte sich der gleiche Schnelldurchlauf in der nahen National Portrait Gallery ab.

Am Abend saß man bei einer Gesellschaft zusammen, wobei Reger seine unvermeidlichen Witze riss. Als er nach seinem Museumsbesuch gefragt wurde, erwartete Strecker ein paar allgemeine Bemerkungen; zu seinem Erstaunen aber »ließ er wie einen Film seine Eindrücke des Gesehenen abrollen. Bild folgte auf Bild, Saal auf Saal, alles begleitet von scharfen kritischen Bemerkungen über die einzelnen Perioden, Schulen und die künstlerische Bedeutung der Bilder, die er mit einem phänomenalen Gedächtnis gleichsam photographisch in sich aufgenommen hatte. [...] Erst jetzt begriff ich sein Schweigen, begriff auch seine nur der Außenschicht seines Wesens zugehörigen Witze und staunte immer von neuem über die geradezu unfaßliche Aufnahmefähigkeit dieses Kopfes [...].«

6 Meister großer und kleiner Formen – Klavierwerke und Lieder

Obwohl das Klavier sein Hauptinstrument war und er selbst sein Leben lang als Pianist aufgetreten ist, hat der Komponist Reger die große Form der Klaviersonate ebenso wenig bedient wie die Symphonie. Im Gegenteil, seine Kompositionen für Soloklavier und die vierhändigen Klavierstücke bedeuteten als kleine Form erklärtermaßen Nebenarbeiten, was sich schon in vielen Titeln andeutet: *Lose Blätter, Bunte Blätter, Aus der Jugendzeit, Humoresken, Aquarellen* (!), *Silhouetten, Episoden, Aus meinem Tagebuch, Träume am Kamin, Improvisationen*. Als Entspannung und Ablenkung zwischen den Großwerken sicherten diese kleinen Formate durchaus auch seinen finanziellen Erfolg und seine Präsenz in den bürgerlichen Musiksalons. Dabei sind die *Sechs Intermezzi* op. 45 geradezu selbstverleugnend antiavantgardistische Virtuosen- und Salonpiècen, deren Schwierigkeiten die Fähigkeit höherer Töchter bei weitem übersteigen. Die letzten Klavierstücke der *Träume am Kamin* op. 143 (Juni 1915) sind wiederum Stil- und Klangbrücken zu Vorbildern wie Brahms' späten, introspektiven Intermezzi.

GROSSE KLAVIERWERKE

Mit seinen großangelegten *Variationen und Fuge über ein Thema von Johann Sebastian Bach* op. 81 wagt sich Reger 1904 an eine große Form. Damit knüpft er an Brahms' *Händel-Variationen* an und benutzt bezeichnenderweise eine in seinen Orgelwerken mehrfach erprobte, seiner polyphonen musikalischen Denkweise gemäße Verarbeitung. Noch im selben Jahr erweitert er dieses Erfolgsrezept auf zwei Klaviere mit seinen *Beethoven-Variationen* op. 86, die er über 150 Mal mit wechselnden Partnern aufführte und die zu seinem größten pianistischen Erfolgsstück zu Lebzeiten werden sollten.

Mit *Introduction, Passacaglia und Fuge* op. 96 überträgt er wiederum eine in seinen Orgelwerken bewährte Form auf zwei Klaviere. In der Passacaglia bildet dabei das immer wiederholte

Bassthema den Untergrund und eine formale Klammer für rasche Stimmungswechsel (ähnlich wie in seinen Variationswerken) und größte harmonische Kühnheiten in den Akkordballungen und Tonartenfolgen.

Eine symbiotische Existenz erhielten sein heute berühmtestes Orchesterwerk, die *Mozart-Variationen* op. 132, und seine pianistischen *Beethoven-Variationen* op. 86 in der jeweils anderen Klangform: Nach der Orchesterfassung der *Mozart-Variationen* erstellte er eine autonome Version für zwei Klaviere, deren Alleinstellungsmerkmal eine eigens komponierte 8. Variation ist, da er einsah, dass der schwebende Klang dieses tiefmelancholischen Orchesterstücks auf dem Klavier nicht einzufangen war. In umgekehrter Richtung wirkten die *Mozart-Variationen* als Katalysator: Nach der gewonnenen Überzeugung, damit einzigartige orchestrale Klangwirkungen geschaffen zu haben, orchestrierte er auch die zehn Jahre zuvor entstandenen *Beethoven-Variationen* – eine idiomatische, heute leider kaum noch aufgeführte Partitur.

Das letzte große Variationswerk für Klavier sind die 1914 entstandenen *Telemann-Variationen* op. 134.

LIEDER

Mit etwa 300 klavierbegleiteten Sologesängen hat Reger mehr Lieder komponiert als die für ihr reiches Liedœuvre bekannten Komponisten Richard Strauss (220) und Hans Pfitzner (115). Trotzdem ist dieser Werkkomplex seines Schaffens weitgehend unbekannt, sieht man einmal von dem »Hit« *Mariä Wiegenlied* (aus *Schlichte Weisen* op. 76) ab, dessen Verbreitung schon wieder zu seiner auktorialen Anonymisierung als vermeintlichem Volkslied geführt hat.

Zur mangelnden Bekanntheit seines weitgespannten Liedschaffens mag, so paradox es klingt, gerade dessen Kunstfertigkeit beigetragen haben. Während der Instinktmusiker Strauss ein Meister der Verschmelzung von dichterischem Inhalt und musikalischem Ausdruck war (und dabei auch zweitklassige Texte veredelte), packt Regers kompositorische Komplexität viele harmonische und satztechnische Schwierigkeiten in seine

Lieder. Dies steht der Sing- und Spielbarkeit (und damit der Verbreitung) entgegen, zumal in Verbindung mit dem literarischen Anspruch, weshalb auch ironisch von »Klavierstücken mit Liedbegleitung« gesprochen wurde. Zum Grundproblem der Textauswahl schreibt er: »Man tadelt mich oft wegen meiner Textwahl. Aber Goethe ist auskomponiert. Schubert konnte noch Goethe komponieren, denn er war ein musikalischer Naturbursche, er nahm die Texte ganz naiv [...] Ich bin ein moderner Mensch und damit auch kritisch veranlagt. Ich lege viel mehr in solche Texte hinein, dabei aber übermannt mich die Größe des Gedichtes so, daß es mir wie Wahnsinn vorkommt, da noch etwas hinzufügen zu wollen.« Vielleicht ist es aber eben jene mangelnde Distanz und Abstraktionsfähigkeit, mit der sich Reger so sehr in ein Gedicht hineinschraubt, dass dessen Vertonung kunstvoll, aber eben auch hermetisch wirkt.

Was die von Reger ausgewählten Textdichter angeht, so wundert nach dem oben Gesagten das Fehlen großer klassischer und romantischer Dichtung nicht. Allerdings sind auch die großen Zeitgenossen wie Rainer Maria Rilke, Stefan George oder Hugo von Hofmannsthal von ihm nicht vertont. Er suchte nach Texten, die er musikalisch veredeln und überhöhen konnte – im Gegensatz zu Strauss, der weniger durchdacht, aber instinktiv eine überzeitliche Augenhöhe auch mit den Größten herzustellen vermochte.

»HOMMAGE ALS WETTSTREIT«

Regers Liedschaffen ist durchaus mit einem Seitenblick auf Richard Strauss entstanden: Hatte Reger 1899 schon zwölf von dessen Liedern für Klavier allein bearbeitet, so vertonte er in bewusster »Hommage als Wettstreit« (Wolfram Steinbeck) einige zuvor von jenem komponierte Gedichte der Jugendstil-Dichter Richard Dehmel, Christian Morgenstern oder Detlev von Liliencron. Die von Reger meistvertonten Dichterinnen und Dichter sind seine Zeitgenossen Martin Boelitz (mit 27 Liedern, plus der Vorlage zu dem katholizistisch-mystischen Werk *Die Nonnen* op. 112), der auch der Textdichter von *Mariä Wiegenlied* ist, Gustav Falke (17 Lieder) und Anna Ritter (16).

Eine Kritik der Breslauer Zeitung von 1903 scheint symptomatisch für das Ansehen seiner Lieder: »[Reger] konstruiert sich seine eigene Welt und kümmert sich keinen Deut darum, ob seine Reproduzenten und Hörer sich darin heimisch fühlen. [...] Wer seine Lieder singen will, der muß gegen alle Tücken der Rhythmik und Intonation gefeit sein und nebenbei die Fähigkeit besitzen, das eigene Ich zu Gunsten der oft bis zum Abenteuerlichen gehenden Ausdrucksweise zu opfern. Noch anspruchsvoller sind die Klavierbegleitungen: ein Virtuose von Fach kann damit allenfalls zu Rande kommen, ein Dilettant wird ihnen rat- und hilflos gegenüberstehen.«

SUCHE NACH DEM »VOLKSTON«

Im Jahr 1903, als Reger aufgrund eines neuen »lebenslangen« Verlagsvertrags mit Lauterbach & Kuhn in Leipzig erstmals über ein gesichertes Auskommen verfügte, sollte er ein Projekt beginnen, mit dem sein Liedschaffen eine völlig neue Wende nahm. Die Berliner Zeitschrift *Die Woche* hatte einen Kompositionswettbewerb veranstaltet, um Lieder »im Volkston« zu fördern; einige Komponisten, u. a. Reger, Eugen d'Albert, Hans Pfitzner und Engelbert Humperdinck, wurden angeschrieben und zur Mitwirkung aufgefordert. Unter den 30 zur Publikation ausgewählten Liedern fand sich Regers Beitrag allerdings nicht wieder, weshalb er in einer Übersprunghandlung seinem neuen Verleger »Lieder im Volkston« anbot, die sich von seinen komplexen Kunstliedschöpfungen abheben sollten: »Ich will damit dem deutschen Volk so nach u. nach eine große Sammlung von möglichst einfachen u. doch aristokratischen Gesängen mit selbstredend einfachster Klavierbegleitung geben.« Er war von der Musikkritik ob seiner Rigorosität als »Socialdemokrat unter den Komponisten« gescholten – eine Apostrophierung, die er geradezu mit Stolz immer wieder selbst anführte. Die neue Volkstümlichkeit, die ab dem ersten Heft die *Schlichten Weisen* op. 76 durchzieht, kam dem komplexen Geistesarbeiter Reger geradezu entgegen, und bis zu seinem Lebensende bat er viele Freunde um die Suche nach einfachen Gedichten, die sich zur Vertonung als Volks- und Kinderlieder eigneten.

Die *Schlichten Weisen* brachten es auf sechs Hefte (mit insgesamt 60 Liedern) und fanden ihre Fortsetzung in den *Fünf neuen Kinderliedern* op. 142.

Regers Klavierwerk ist enzyklopädisch auf CD eingespielt, seine Lieder hingegen sind leider nur in einer Auswahl erhältlich. Dies ist umso bedauerlicher, als beispielsweise das Liedschaffen von Strauss und Pfitzner in hervorragenden Gesamteinspielungen vorliegt.

Der heitere Reger

Max Reger war ein zwanghafter Witzeerzähler und -sammler, auch wenn sein Archiv aus »Witzkisten«, in denen, sorgfältig nach Kategorien beschriftet, die Witze lagerten, wohl nur metaphorisch existierte. Diese Behältnisse sollen etwa harmlose Witze (»Für Kinder«), medizinische (»Für Ärzte«) oder anzügliche (»Für Ehemänner«) enthalten haben, wobei die letzte Kiste mit den stärksten Zoten mit »Nur für Max Reger« beschriftet gewesen sein soll. Zahlreich, manchmal aber wenig originell sind die Anekdoten über Reger, gerne auch von ihm selbst angereichert. Bekannt ist, dass der korpulente Max Reger als »Rex mager« unterzeichnete oder an einen Zeitungskritiker schrieb, er sitze im kleinsten Raum seines Hauses und habe dessen Zeitungskritik vor sich; bald werde er sie hinter sich haben. Der Mutter einer Klavierschülerin soll er gesagt haben, ohne Flügel wäre ihre Tochter ein Engel. Über einen Kapellmeister, der eine Musik nicht im Fluss zu halten vermochte, meinte Reger, er habe den »Zäsurenwahn«. Vorstellbar ist auch, dass er tatsächlich in einem Gasthaus einmal die Bestellung aufgegeben habe: »Herr Ober, bringen Sie mir zwei Stunden lang Beefsteak!«

7 »Überall eine Tradition schaffen« – Meininger Historismus (1911–1914)

Meiningen war 1911 eine Kleinstadt mit 17.000 Einwohnern; in seinem gesamten Herzogtum hatte Georg II. (reg. Herzog ab 1866) knapp 300.000 Untertanen. Noch heute ist das idyllisch gelegene Städtchen auch architektonisch durchdrungen von seiner großen musikalischen Tradition. Das Hoftheater beherrscht – als Pendant zum jenseits des Schlossgartens gelegenen Schloss Elisabethenburg mit den Meininger Museen und dem Max-Reger-Archiv – die Bernhardstraße, die ansonsten von Repräsentationsbauten gesäumt ist. Dieser hinreißende Theaterbau ist heute noch der Mittelpunkt des kulturellen Lebens von Stadt und Region. Die Giebelfront über dem Hauptportal trägt das Motto des aufgeklärten und kunstsinnigen »Theaterherzogs«: GEORG II. DEM VOLKE ZUR FREUDE UND ERHEBUNG.

Der zweimal verwitwete Herzog hatte in dritter, morganatischer Ehe Ellen Franz (1839–1923), eine Schauspielerin aus dem herzoglichen Ensemble, geheiratet. In dieser äußerst glücklichen, wenn auch in Adelskreisen auf wenig Begeisterung stoßenden Ehe unterstützte die zur Freifrau Helene von Heldburg erhobene Ehefrau den Herzog in der Ausformung seines Musenhofs. Die Ideen des deutschen Historismus, die Notwendigkeit werkgetreuer Interpretation, das Erfassen eines Werks aus seiner historischen Gestalt heraus – all dies hatte Georg als junger Student in Leipzig bei Felix Mendelssohn erleben können, in dessen Haus er gewohnt hatte und wo dieses Ideengut zu seinen beherrschenden künstlerischen Leitgedanken geworden war. Georg hatte mit dem (ab 1873 ohne öffentliche Mittel, allein aus seiner Privatschatulle finanzierten) Hofschauspiel europaweiten Ruhm errungen, indem er Musteraufführungen etwa der Werke William Shakespeares erarbeitet hatte, die moderne Schauspiel- und Deklamationskunst in historisch nachgestalteten Bühnenbildern (die heute noch in Meiningen zu bewundern sind) zeigten.

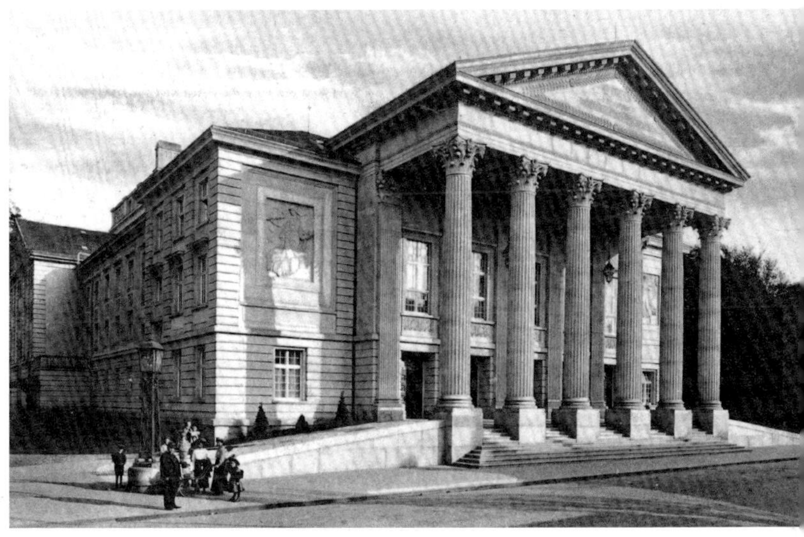

Der Prachtbau des Meininger Hoftheaters (Neubau von 1909, heute Staatstheater)

MUSIKALISCHE BRAHMS-MISSION

Nachdem der »Theaterherzog« seine Schauspielmission, die er immer als gewinnorientiertes Unternehmen betrachtet hatte, als erfüllt ansah, verlagerte sich der weitsichtige und trotzdem pragmatische Ehrgeiz des musikalischen Regenten nun auf eine entsprechende Mission seiner kleinen, aber exquisiten Hofkapelle. Ab 1880 konnte Hans von Bülow, der in Berlin der Klavierlehrer von Ellen Franz gewesen war, als Leiter der Kapelle gewonnen werden, und insbesondere Bülows Freundschaft mit Johannes Brahms führte den Komponisten als gerngesehenen und häufigen Gast nach Meiningen. Höhepunkt dieser herzlichen Verbindung war die Uraufführung von Brahms' IV. Symphonie am 25. Oktober 1885 im Meininger Hoftheater. Bülow schuf in wenigen Jahren mit seinen »Meininger Prinzipien« der Orchestererziehung das erste moderne Orchester Europas und erspielte mit der Hofkapelle Triumphe auch in den großen Musikmetropolen.

Nach Bülows Weggang 1885 nach Berlin wurde die Meininger Brahms-Pflege durch Fritz Steinbach fortgesetzt. An diese ruhmreiche Epoche wollten Herzog Georg und Reger anschließen. Letzterer, der sich als Komponist auf Bach, Beethoven und Brahms bezog, sollte als Dirigent die Idee von Musteraufführungen der beiden großen Symphoniker durch die Hofkapelle auch auf Reisen wiederbeleben. Die Kapelle stände neuerdings im Dienst einer Mission, die nun Regers eigenen Werken gälte. Und schließlich konnte mit diesem Komponisten der Gedanke der Werkstatt wiederaufleben.

EHRGEIZIGES ZIEL EINER REGER-TRADITION

In diesem Traditionsverständnis trafen sich nun der 85-jährige, zu seinem Leidwesen völlig hörgeschädigte Herzog und der 38-jährige Reger, dessen erklärtes Ziel es war, mit Brahms in einem Atem genannt zu werden, wenn er schreibt: »[...] in Rücksicht auf meinen Dienst in Meiningen hab' ich für nächsten Winter nur die nötigsten Concerte angenommen; ich muß – à la Joh. Brahms – eben überall eine Tradition schaffen, wie meine Werke gespielt werden müssen!« Er erkannte die einmalige Möglichkeit, sich als Dirigent zu etablieren, für seine eigenen Werke mit einem exzellenten Orchester Propaganda zu machen und im Sommerhalbjahr von Mitte April bis Ende September über Freiraum zum Komponieren zu verfügen.

Aus Kostengründen hielt sich der Herzog keinen Opernbetrieb mehr; die Herzogliche Hofkapelle wurde als reines Konzertorchester geführt und musste nur gelegentlich bei Bühnenmusiken im Schauspiel mitwirken. Mit 52 Musikern war die Hofkapelle etwa so groß wie heute das Philharmonische Orchester der Stadt Ulm (und damit größer als das Orchester von Passau, aber kleiner als das Philharmonische Orchester Regensburg); schon zu Regers Zeiten hatten die Symphonieorchester in allen großen europäischen Städten die Meininger Hofkapelle nicht nur in Bezug auf Größe und Qualität überflügelt. Der Vorteil von Letzterer war jedoch ein flexibler Klang im Verbund mit einer hohen Präzision, die die Kapelle als reines Konzertorchester aus den für Deutschland typischen

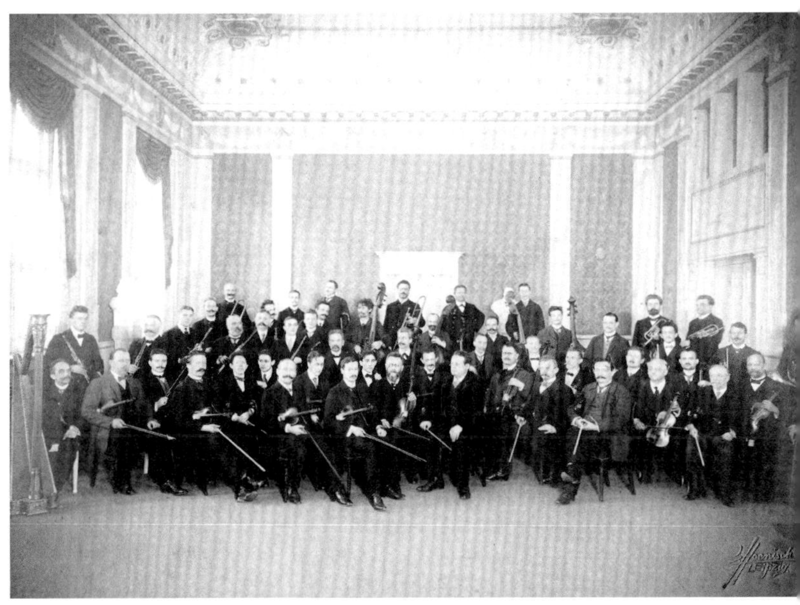

Die Meininger Hofkapelle mit Max Reger im Pausenfoyer des Hoftheaters

Opernorchestern heraushob. 32 Orchestermitglieder waren fest angestellt, ruhegeld- und pensionsberechtigt als vereidigte Beamte; hinzu kamen saisonweise verpflichtete Musiker, wobei die Spielzeit vom 1. Oktober bis zum 15. April ging. Im Sommerhalbjahr verdingten sich die Musiker in den damals noch großbesetzten Kurorchestern oder über andere Engagements. Der Etat der Hofkapelle betrug ca. 80.000 Mark pro Jahr; davon bestritt der Herzog 66.000 Mark aus seiner Privatschatulle, der Rest musste aus Einnahmeüberschüssen durch die Konzert- und Tourneehonorare gedeckt werden.

DER HERZOG ALS BRIEFPARTNER

Die knapp zweieinhalb Jahre von Regers Wirken in Meiningen sind nicht nur durch das Max-Reger-Archiv in Schloss Elisabethenburg und das in einem Seitenflügel befindliche Thüringische Staatsarchiv bestens dokumentiert, sondern vor allem durch einen kontinuierlich dichten, hunderte Briefe umfassenden Schriftwechsel zwischen ihm und seinem Dienstherrn. Dadurch lässt sich seine Amtszeit mit allen euphorischen Höhepunkten, den kleinen und größeren Problemen des Tagesgeschäfts bis hin zu einem durch bloßes Pflichtbewusstsein gestützten Verhältnis lückenlos nachvollziehen. Der zunächst sehr formalisiert erscheinende Schriftverkehr offenbart bei näherem Hinsehen eine glückhafte Konstellation: Reger hatte das Privileg, sich auch mit Alltäglichkeiten und Personalia der Hofkapelle unter Umgehung des formal zuständigen Hofmarschallamtes direkt an den Herzog zu wenden. Da sich dieser aufgrund seines Alters und seiner angegriffenen Gesundheit häufig auf Kur und Erholungsreisen befand, musste Reger, ohnehin ein manischer Briefschreiber, ihn schriftlich über alle Vorkommnisse unterrichten. Und selbst wenn Herzog Georg und seine Ehefrau sich in Meiningen aufhielten, so war ihm doch aufgrund seiner fortschreitenden Taubheit ein Besuch von Konzerten oder Proben unmöglich.

GENERALMUSIKDIREKTOR

Herzog Georg war in seiner im Bewusstsein des Gottesgnadentums gelebten Regentschaft ein äußerst weitblickender, liberaler, sparsamer und kunstsinniger Souverän. Trotz seines hohen Alters war er von penibelstem Pflichtbewusstsein, ließ sich von Reger über alle Details von künstlerischen, administrativen und personellen Belangen informieren und beantwortete dessen Bitten und Fragen umgehend und eigenhändig. Reger war sich dieser herausgehobenen Situation zwar bewusst, nahm sie aber als ihm selbstverständlich zustehend und verprellte durch sein selbstherrliches Gebaren die rigide, absolutistisch anmutende Hierarchie des kleinen Hofstaats. Immer wieder musste der Herzog höchstselbst eingreifen und für seinen Hofkapellmeister und Generalmusikdirektor (diese Auszeichnung erhielt Reger am 2. April 1913 zum Geburtstag des Herzogs, nachdem er sie brieflich richtiggehend erbettelt hatte) vermitteln, ihn so manches Mal aber auch zur Ordnung rufen.

Der Briefwechsel zwischen den beiden ist also nicht nur ein Zeugnis für Regers kräftezehrende musikalische Aufgaben und das patriarchalisch-monarchische Fühlen und Denken des Herzogs; darüber hinaus sind Regers Briefe musikalisch höchst aufschlussreich durch die zahlreichen Erläuterungen der im Entstehen begriffenen Kompositionen, die er seinem fürstlichen Dienstherrn wortreich und ausgreifend beschreibt. Die Korrespondenz spiegelt aber auch das herzliche Verständnis wider, das der greise Herzog dem Komponisten und seiner Familie bis zum Ende ihrer Beziehung entgegenbrachte. Darüber hinaus vermitteln die Briefe ein hinreißendes Zeugnis des einmaligen Meininger Kulturbiotops kurz vor dem Untergang der deutschen Partikularstaaten mit dem Ende des Ersten Weltkriegs.

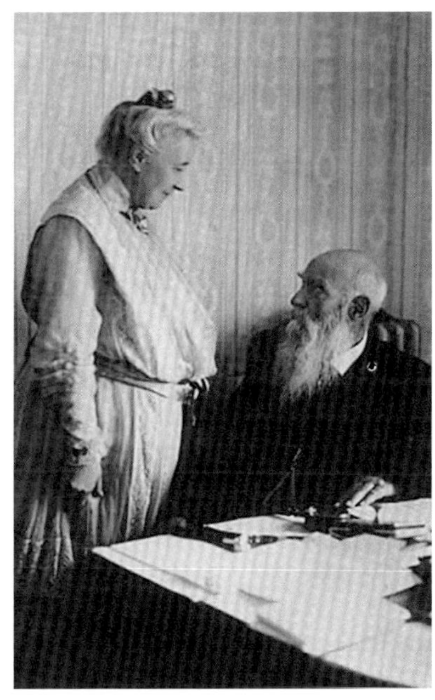

»Theaterherzog« Georg II. und Helene von Heldburg

VIELVERSPRECHENDER BEGINN

Nachdem Elsa Reger mit den beiden Adoptivtöchtern das neue Meininger Heim in der ersten Etage des Hauses Marienstraße 6, praktischerweise nahe bei Bahnhof und Theater gelegen, bereits im Oktober 1911 bezogen hatte, kam ihr Mann nach Beendigung einer Tournee erst Ende November in der Stadt an. Er machte sogleich seinen Antrittsbesuch beim Herzog und vermeldete neben seinem Dienstantritt auch die Gründung eines Klaviertrios: Mit dem Konzertmeister Hans Treichler und dem Solocellisten Karl Piening, die während des Interregnums vor Regers Amtsantritt die Kapelle abwechselnd geleitet hatten, bildete er nun das »Meininger Trio«, um auch auf dem Gebiet der Kammermusik in seinem Orchester wie auch im Kulturleben der Residenzstadt stilbildend zu wirken.

Damit die Arbeit mit der Kapelle ohne Verzögerung beginnen konnte, hatte sich Reger bereits ab März unmittelbar nach Vertragsunterzeichnung in die Vorbereitungen gestürzt und alle Planungen selbst in die Hand genommen: Programmgestaltung der Konzerte in Meiningen und Umgebung, programmatische und logistische Vorbereitung der Gastspiele und Tourneen, mit denen er an den früheren, unter Bülow, Brahms und Steinbach erarbeiteten Ruf des Orchesters anschließen wollte, bis hin zu Personal- und Vertragsfragen der Musiker. Direkt nach seiner Ankunft im November begann die systematische Probenarbeit: Im Foyersaal, manchmal auch auf der Hauptbühne des Theaters hielt er tägliche Proben ab von 9–12:30 Uhr, zusätzlich abends von 20–22 Uhr. Der Sonntag war probenfrei; jeden Donnerstag, wenn er seinen Unterricht am Leipziger Konservatorium absolvierte, leiteten Treichler und Piening die getrennten Registerproben von Bläsern und Streichern.

»SAKRAMENTS-REGER« – MAHNUNG ZUR MÄSSIGUNG

Das erste Meininger Orchesterkonzert am 12. Dezember 1911 hatte programmatischen Charakter: Reger rahmte eigene Werke (Orchesterlieder) mit solchen von Brahms (III. Symphonie) und Beethoven *(Eroica)* und signalisierte damit, dass Meiningen noch einmal eine außergewöhnliche musikalische Periode bevorstand. Der Herzog, über seine Frau und seine äußerst musikalische Tochter, Prinzessin Marie, ausführlich unterrichtet, gratulierte ihm schriftlich, zeigte sich aber bereits beim nächsten Konzert besorgt um die Gesundheit seines Hofkapellmeisters: »Lieber Reger! Meine Frau erzählt, sie habe Sie nach dem Concert horrent angegriffen und sehr schlecht aussehend gefunden. Himmel Donnerwetter! Allernächstens werden Sie ausspannen und zu Bette liegen müssen, wenn Sie dergestalt, wie Sie es thun, auf Ihre Gesundheit einstürmen, und was dann?! Sie sind wirklich recht unvernünftig! Wenn die Concerte, welche Sie allenthalben für sich geben, womit stets Nachtreisen verbunden sind, Ihnen so wenig einbringen, wie Sie sagten, so ist's thöricht, sie zu geben; denn bei den Reisen mit der Kapelle können Sie hinlänglich genug Tradition gründen und brauchen die paar Soloconcerte nicht dazu! Binnen Jahresfrist sind Sie ein nerveus kaputer Mann, wenn Sie's so rasend unvernünftig forttreiben und bin ich's nicht Ihnen etwa, sondern meiner Wenigkeit schuldig, den Sakraments-Reger, der heute Abend wieder Sublimes hervorgezaubert hat, dazu zu bringen, sich zu schonen! Ihr treuer Georg.«

In seiner postwendenden Antwort wiegelt Reger ab und spricht von sich aus, wohl um seinen Ruf wissend, den Alkoholkonsum an: »Glauben Ew. Hoheit doch meinen Worten: ich bin kerngesund, kann enorm viel aushalten und habe einen so gesunden, völlig traumlosen Schlaf. Außerdem bin ich körperlich und geistig riesig elastisch; wenn ich wirklich mal elend aussehe, so hat das gar nichts zu sagen; eine Nacht Schlaf genügt, um mich vollständig wieder ›auf den Damm zu bringen‹; auch lebe ich so vernünftig; nie einen Tropfen Alkohol; ich rauche mäßig, sehr wenig Zigaretten, nur leichte deutsche Zigarren – also keine Importen. Und ich bin Arbeit so gewohnt, kenne keine andere und bessere Befriedigung als Arbeit; und wenn ich mal zwei bis drei Tage faulenze, so bekomme ich einen derart ekligen moralischen Kater, daß ich mich selbst einen Tagedieb schimpfe und für meine Umgebung unausstehlich werde.«

In der Tat geriet zunächst alles zum Besten, und auch Gastspielerfolge stellten sich in früheren Dimensionen ein, wie es der renommierte Kritiker und Musikschriftsteller Paul Bekker auf den Punkt brachte: »Das Meininger Orchester hat nicht nur die alte Tradition bewahrt, es zeigt nicht nur die bereits früher viel gerühmte elastische Frische – es schließt all diese rein instrumentalen Vorzüge jetzt zu einem neuen, künstlerisch charakteristischen Profil zusammen, es trägt wieder den Stempel einer markanten Persönlichkeit, die mit ihm lebt, arbeitet, stu-

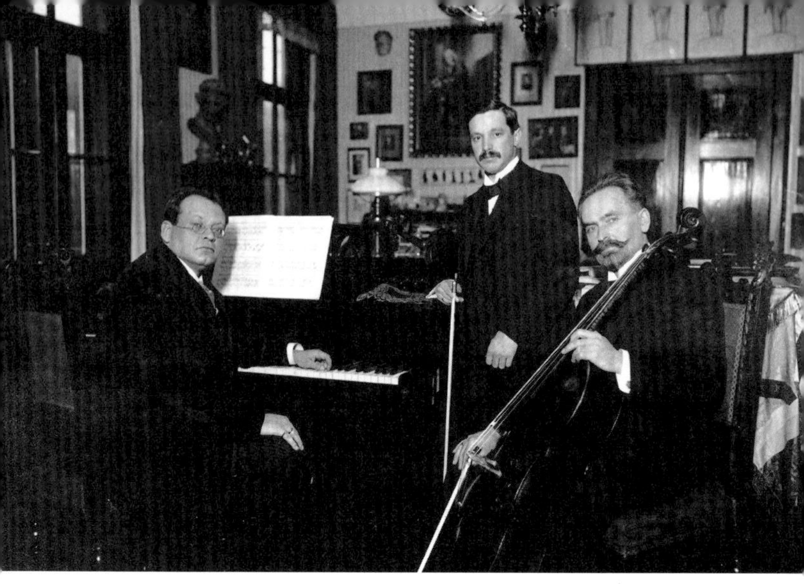

Das »Meininger Trio« in Regers Wohnung; neben Reger der Konzertmeister Hans Treichler und der Solocellist Karl Piening

diert, die völlig eins geworden ist mit dem vielgliedrigen Klangapparat und ihn zum Abdruck des eigenen Wesens gestaltet.«

ORCHESTER AUF REISEN

In den drei Wintern, während derer Reger an der Spitze der Kapelle stand, wurden jeweils ausgedehnte Tourneen unternommen, deren Planung nach heutigen Maßstäben monströs erscheint: mehrwöchige Reisen ohne einen einzigen freien Tag, eine schwindelerregende Folge von täglichen Konzerten, zusammengesetzt aus höchst unterschiedlichen Programmen. Zudem organisierte er nach Möglichkeit noch kammermusikalische Matineen, um nur ja keine Auftritts- und Verdienstmöglichkeit ungenutzt zu lassen. Im Winter 1913/14 absolvierte er als Dirigent und Kammermusiker 130 Konzerte, davon die Hälfte an der Spitze der Hofkapelle! Doch war die zunächst glückliche Personalunion von Komponist und Interpret in eigener Sache ein wesentlicher Faktor für den raschen und restlosen Kräfteverbrauch innerhalb der kurzen, nur zweieinhalbjährigen Zeitspanne der Meininger Tätigkeit.

Reger auf der Eisenbahn

Das in der zweiten Hälfte des 19. Jahrhunderts rasant gewachsene Eisenbahnwesen hat es Max Reger ermöglicht, seine Reise- und Konzerttätigkeit generalstabsmäßig zu planen. Die dichte Folge seiner Auftritte war nur durch regelmäßige Nachtfahrten möglich; hinzu kamen die wöchentlichen Reisen nach Leipzig zum Konservatorium.

Ein nicht unwesentliches Argument für sein Interesse an der Leitung der Meininger Hofkapelle war denn auch die Bahnverbindung nach Leipzig; Meiningen war ein Schnellzughalt an der Strecke Berlin–Stuttgart–Zürich–Mailand und ein Knotenpunkt der Nord-Süd- sowie der West-Ost-Magistralen der Bayerischen und der Preußischen Staatsbahnlinien. An den Leipziger Freund Reinhold Anschütz schrieb er, »daß es das beste ist, wenn ich beide Stellungen (Leipzig und Meiningen) vereinige. Die Sache geht; ich [...] habe den Fahrplan Meiningen–Leipzig studiert, ich komme mittags 12 Uhr 49 Minuten hier an, unterrichte von 2 bis 8 Uhr – also 6 Stunden wie bisher und fahre abend 9 Uhr 8 Minuten nach Meiningen zurück.« Selbst den Meininger Herzog Georg II. verschont er nicht mit Einzelheiten seiner Eisenbahnreisen: »Morgen Donnerstag habe ich wieder in Leipzig am kgl. Konservatorium zu unterrichten; in der Nacht zum 1. Dezember früh 2:12 komme ich wieder in Meiningen an. [...] Ich fahre immer nur 2. Klasse auf der Eisenbahn, da die 1. Klasse zu teuer ist.«

Auch die Gastkonzerte und Tourneen mit der Meininger Hofkapelle waren nur durch eine ausgetüftelte Kenntnis des Eisenbahnkursbuchs zu realisieren; nicht nur die Musiker waren auf dieses Transportmittel angewiesen, sondern auch das Orchesterinstrumentarium und das umfangreiche Notenmaterial, das stets in einem Sonderwagen mitgeführt wurde.

Reger sollte zwar nur bis zum schicksalhaften Jahr 1914 an der Spitze der Hofkapelle stehen, doch war dies eine den Dirigenten und Komponisten wesentlich prägende Zeit. Ebenso wichtig wie sein Dirigentenamt war ihm die Weiterentwicklung seines Kompositionsstils, wie er rückblickend an seinen Verlag Simrock schrieb: »Ich habe ja meine Meininger Stellung vor 3 Wintern nur deshalb übernommen, um *jene allerintimste Fühlung* mit dem Orchester als Klangapparat zu bekommen, wie diese Fühlung meiner Ansicht nach jeder Komponist haben sollte. Ich habe in Meiningen gründlichst das gelernt durch tägliche Proben mit dem Orchester, was es überhaupt zu lernen gibt. Es wäre nun eigentlich meine Mission in Meiningen vollendet.« Als seine »Mission« sah er also nicht etwa seine Dirigententätigkeit, sondern vor allem die Verfeinerung seiner kompositorischen Fähigkeiten durch die tägliche Arbeit mit dem Orchester.

Während seines Meininger Wirkens lässt sich tatsächlich eine signifikante stilistische Wandlung feststellen: Seine Kompositionen suchen zunehmend die Auseinandersetzung mit der musikalischen Vergangenheit, Jahre bevor Begriffe wie Neobarock oder Neoklassizismus im Paris der 1920er-Jahre Ausdruck moderner Kompositionsstile bei Igor Strawinsky oder Bohuslav Martinů werden sollten; in Deutschland bediente sich Paul Hindemith, in Italien Ottorino Respighi dieser stilistischen musikalischen Rückgriffe.

Regers Meininger Orchesterstil wird durchsichtiger in der kompositorischen Faktur, griffiger durch kürzere Sätze und deren thematische Durchgestaltung und für das Publikum leichter fasslich durch manche Annäherung an die Programmmusik. Diese luzide Klarheit und Durchsichtigkeit ist dabei verbunden mit der Wandlung zu einer neuen Innerlichkeit.

An die Ausarbeitung seiner im Winterhalbjahr und auf Reisen nur in grobem Verlauf vorbereiteten Kompositionen konnte er allerdings nur in den freien Perioden des Sommerhalbjahrs denken, wenn die Verpflichtungen mit der Kapelle ruhten und es auch lange Wochen ohne Konzerttermine und Unter-

5

Erfurt - Plaue - Ritschenhausen.

	ZN.	D38	296	542a	284	286	288	D36	D32	290	292	202	280	874	294
	Kl.	1-3		4				1-3	1-3			Nz.			
Erfurt . . .	ab	1216	1223	◇	558	833	1021	1155	1225	230	448	S im Juni bis Aug.	720	755	817
Neudietendorf .			1233	Von Ohrdruf	619	849	1040			253	504		735	815	904
Arnstadt . .	an	1233	1255		636	905	1055		1247	311	521		748	832	918
Arnstadt (s. auch S. 6)	ab	1240	—		643	908	1101		1249	315	524		752	835	923
Arns. Süd .			. .		647	912	1105			319	528		756	839	927
Plaue .	an		. .		656	921	1114			328	537		805	843	935
Plaue	ab		. .		659	924	1119			331	540		807	—	940
Gräfenroda . .			. .	646	711	935	1130	1234	110	343	550		816	. .	951
Dörrberg . . .			. .	656	721	944	1140			353	559		827	. .	1000
Gehlberg . . .			. .	716	741	1004	1200			414	619	715	848	300	1019
Oberhof		129	. .	728	752	1015	1209	103	140	426	631	725	900	○	1030
Zella St. Bl. . .			282	739	802	1024	1219		147	434	616	736	909	1225	1040
Suhl		144	455	750	813	1034	1229		157	448	659	745	920	1235	1051
Mäbendf.-Albr. .			aW	an	820	1040	1234			453	706	an	926	an	1057
Dietzhausen . .		D	507	.	825	1045	1238			457	712	.	931	. .	1102
Rohr			518	.	834	1053	1246			504	722	.	940	. .	1110
Grimmenthal	an		528	.	842	1101	1254		216	512	732	.	918	. .	1118
an Meiningen .		212	541	.	908	1113	135	145	227	529	802	.	1020	. .	1146
„ Coburg . .		. .	812	.	1100	107	337	655	337	655	928	.	1112	. .	1242
Grimmenthal	ab	. .	. .	.	850	.	1258	. .	. .	515	746	.	.	. .	1126
Ritschenhaus.	an	. .	. .	.	855	.	103	. .	. .	520	752	.	.	. .	1131
an Stuttgart .		752	. .	.	759	.	826	12[illegible]	[illegible]26	1247	1209	.	752	1248	200

◇ Nur Montags (außer 5. Juni) und am 7. Juni.
○ Nur Montags und am 26. Mai und am 6. Juni.

Auszug aus dem Eisenbahnfahrplan für Thüringen 1911; Reger fuhr nach seinem Unterricht in Leipzig abends 9:27 ab und stieg in Naumburg um in den D38 Berlin–Zürich, der um 2:12 Meiningen erreichte: »Ich habe ja bei meinen Leipziger Fahrten, wenn ich auf der nächtlichen Heimreise durch den Thüringer Wald fahre, so recht Gelegenheit, Thüringer Mondnacht kennen zu lernen.«

richtsverpflichtungen gab. So sind seine Orchesterwerke mit den Opuszahlen 123 bis 132 – ungeachtet anderweitiger Uraufführung oder Widmung – angeregt durch die Arbeit mit der Meininger Hofkapelle und bilden in ihrer Neuartigkeit den schöpferischen Niederschlag der nahezu täglichen Arbeit mit dem Orchester.

»EW. HOHEIT EHRFURCHTSVOLL GEWIDMET«

Im Mai 1912 meldete Reger seinem herzoglichen Dienstherrn die Vollendung der ersten in Meiningen entstandenen Komposition (*Konzert im alten Styl* op. 123), die er dem Herzog zueignete und mit der er eine bewusste Zäsur in seinem bisherigen Schaffen setzte: »Betreff des Ew. Hoheit ehrfurchtsvoll gewidmeten ›Concerts für Orchester im alten Styl‹ so gestatte ich mir, Ew. Hoheit unterthänigst darauf aufmerksam zu machen, daß ich in diesem Werke, wieder eine alte wundervolle Form beleben werde, die seit Händels Concerti grossi [und] Bachs 6 Brandenburgischen Concerten nicht mehr ›bebaut‹ worden ist – also fast 200 Jahre sozusagen ›verloren‹ war. Ich hoffe sehr, daß der allmächtige Gott mir so viel schöne Musik schreiben läßt, daß mein Werk der so hohen Auszeichnung, den durchlauchtigsten Namen Ew. Hoheit als Widmung zu tragen, einigermaßen würdig wird.« Reger beginnt die Reihe seiner Meininger Werke also mit der Initiation von Neuem durch die Rückbesinnung auf Altes, erhöht dies programmatisch durch die Widmung an Georg und trifft damit gleichzeitig das Credo des kunstsinnigen Regenten: Aus der lebendigen Tradition der Vergangenheit erwächst ein neues Kunstwerk für die Gegenwart.

Der Titel der zweiten Meininger Orchesterkomposition des Jahres 1912, *Eine romantische Suite*, wirkt durch gleich zwei vom Zeitgeist überholte Termini ebenfalls retrospektiv. Reger hielt den Herzog auch über diese kompositorische Sommerarbeit, auf den nächtlichen Eisenbahnfahrten zwischen Leipzig und Meiningen entstanden, auf dem Laufenden: »[...] von meinem op. 125 ›Eine romantische Suite‹ für Orchester habe ich Satz I (Notturno – eine thüringische Mondnacht –) und Satz II (Scherzo – Elfentanz!) in Partitur fix und fertig; nun arbeite ich an Satz III (letzter!) (Helios – Sonnenaufgang!) das ganze Werk nach Gedichten von Eichendorff als ›Programm‹! Ich habe ja bei meinen Leipziger Fahrten, wenn ich auf der nächtlichen Heimreise durch den Thüringer Wald fahre, so recht Gelegenheit, Thüringer Mondnacht kennen zu lernen.«

Im Folgesommer 1913 entstanden ebenfalls zwei große Orchesterkompositionen, die *Vier Tondichtungen nach Arnold Böcklin* op. 128 und *Eine Ballettsuite* op. 130, und 1914 markieren die *Variationen und Fuge über ein Thema von Mozart* op. 132 das Ende des Meininger Schaffens, ganz bewusst durch die Widmung »Der Meininger Hofkapelle zur Erinnerung«.

HÖFISCHER ÄRGER

Vielfältige Ärgernisse führten zu Abnutzungserscheinungen in Regers Verhältnis zur rigiden höfischen Verwaltung, der sich sein künstlerischer und individueller Freiheitsdrang auf Dauer schlecht anpassen konnte. Ein Dilemma war auch, dass er Urheber und Garant der Erfolge der Hofkapelle war, sich aber bei der Umsetzung immer wieder als herzoglicher Beamter in seine Schranken verwiesen sah. Und auch Georg musste bei aller künstlerischen Konzilianz auf der höfischen Hierarchie bestehen, was Reger klagen ließ: »Ich werde da sozusagen nur als Beamter der soundsovielten Rangklasse eingeschätzt, während ich die Tätigkeit als Dirigent der Meininger Hofkapelle als Kulturfaktor ansehe [...] Ich bin eben nur Künstler, kann die Welt, kurzum alles nur von meinem Standpunkt als Künstler aus verstehen. Zum ›Beamten‹ im strengen Sinn des Wortes hab ich leider, leider gar kein Talent. Die reale Welt und der nur Künstler werden eben immer Gegensätze bleiben.« Zwar seufzt er, »[...] dass ich nie mehr in eine Stadt gehen werde, wo ein ›Hof‹ ist [...]«, aber er verspricht seinem greisen Souverän, Meiningen zu dessen Lebzeiten nicht zu verlassen.

Bereits im Oktober 1912 sieht der weitblickende und lebens- wie regierungserfahrene Herzog die Kriegsgefahr am Horizont, wenn er seinem Generalmusikdirektor in Bezug auf eine ins Auge gefasste (aber nicht zustande gekommene) Konzertreise nach Österreich und Wien aufträgt: »Bei Abschluß der Contrackte für die östr Reise wird es gut sein, die Kriegsgefahr zu berücksichtigen; denn in der Möglichkeit liegt's, daß aus dem soeben begonnenen Balkankrieg ein europäischer entbrennt. Wir könnten Alle in kurzer Zeit noch sehr Fatales erleben!« 1914 sollten sich individuelles Schicksal und nationales Geschick verknüpfen und das Ende einer ganzen Epoche markieren.

ABSCHIED VON MEININGEN

Dem zunehmenden Stress war Reger physisch und psychisch nicht mehr gewachsen. Nach zwei Jahren weitgehender Abstinenz häuften sich nun wieder alkoholische Exzesse, und am 28.

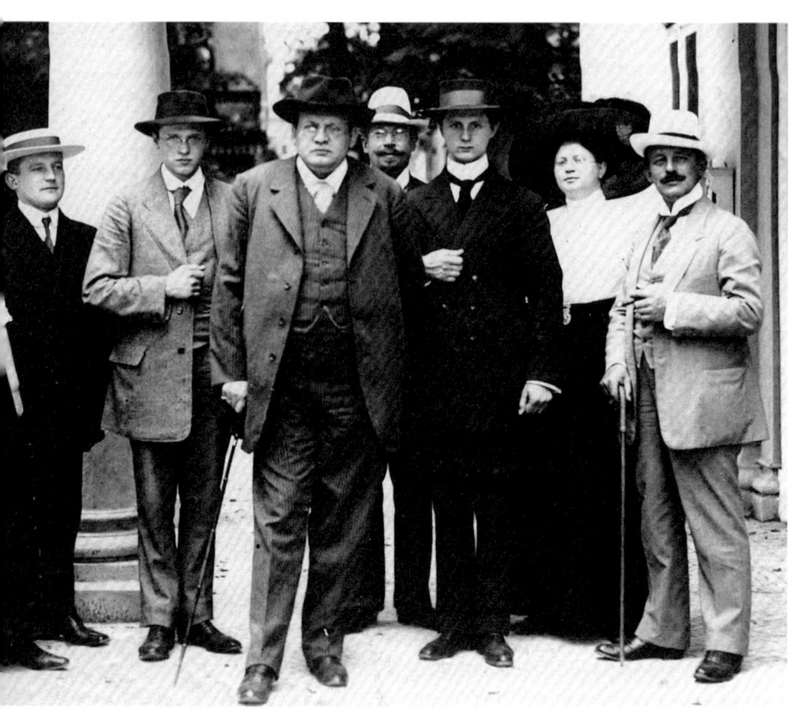

Reger beim Bach-Reger-Fest in Bad Pyrmont im Juli 1912 mit (v. l.) Hermann Wiebel (dem Meininger Soloklarinettisten), dem Geiger Adolf Busch und seinem Bruder, dem Dirigenten Fritz Busch

Februar 1914 brach er auf einer Tournee der Kapelle während eines Konzerts in Hagen zusammen. Bei dem unverzüglich angeordneten mehrwöchigen Sanatoriumsaufenthalt in Meran begleitete ihn nicht etwa seine Frau, sondern das Ehepaar Fritz und Margarete Stein. Von dort bat er den Herzog um Auflösung seines Vertrags: »Es hat mich dieser Entschluß, Eure Hoheit um meine Entlassung zu bitten, sehr schwere Seelenkämpfe gekostet; es ist wirklich der schwerste Schritt meines Lebens. Allein: ich kann nicht mehr.«

Der Herzog entließ ihn zum 30. Juni aus seinen Diensten. Am 25. Juni starb Georg im Alter von 88 Jahren; eine gnädige Fügung des Schicksals hatte verhindert, dass dieser liberale und aufgeklärte Souverän den Ersten Weltkrieg und – in dessen Folge – die Auflösung der deutschen Herrscherhäuser noch miterleben musste. Reger war erleichtert, dass er auf diese Weise sein Wort, erst nach dessen Tod aus Meiningen fortzugehen, nicht brechen musste. Am 28. Juni, dem Tag der Beerdigung des Herzogs, wurde in Sarajevo der österreichische Thronfolger ermordet.

In diesen Tagen arbeitete Reger auch an der letzten, der langsamen Trauervariation der *Mozart-Variationen*. Sein wehmutverschleierter Blick auf Mozart, konzipiert als Lebewohl an den kleinen Meininger Kosmos eines aufgeklärten Kulturstaats, ist somit auch ein Abschiedsblick auf die zivilisierte Welt, die eine ganze Generation junger Künstler in den Schützengräben des nahenden Weltkriegs verlieren sollte.

»Ich halte ihn für ein Genie« – Schönberg über Reger

Alban Berg schrieb für die bedeutenden Wiener *Musikblätter des Anbruch* in einem Aufsatz zu Schönbergs 50. Geburtstag: »Und wenn als einzige Ausnahme (neben Schönberg) Reger ziemlich freie und, wie er selbst sagt, an Prosa gemahnende Konstruktionen bevorzugt, so ist dies auch der Grund der relativ schweren Eingängigkeit seiner Musik.«

1922 hatte Arnold Schönberg in einem Brief an seinen Schwager, den Komponisten und eminenten Dirigenten Alexander Zemlinsky, programmatisch gefordert: »Reger muss meiner Meinung nach oft aufgeführt werden;
1. weil er viel geschrieben hat;
2. weil er bereits tot ist und man noch immer nicht Klarheit über ihn besitzt (Ich halte ihn für ein Genie).«

Schönberg richtete bereits am 24. September 1920 unter dem Briefkopf des »Verein für musikalische Privataufführungen« ein warmherziges Schreiben an Elsa Reger und betonte, dass ihr verstorbener Mann »derjenige Komponist ist, von dem wir bisher weitaus die meisten Werke aufgeführt haben. Selbstverständlich wird dieses

Verhältnis auch in Zukunft das gleiche bleiben.« Außerdem fragt er nach etwaigen unveröffentlichten Werken: »Wir [...] stehen, falls Sie den Wunsch haben, in ausgezeichneten, gewissenhaften Vorbereitungen, mit vielen Proben irgendwelches dieser Werke aufgeführt zu haben, mit Freuden zur Verfügung.« Er selbst bearbeitete Regers *Romantische Suite* op. 125 für Kammerensemble, eine Fassung, welche die impressionistische Durchsichtigkeit der Orchesterpartitur noch unterstreicht.

Diese professionelle Bewunderung Schönbergs für Reger wurde jedoch nicht erwidert. In einem am 31. Dezember 1910 verfassten Brief setzt Reger sich und seine Leipziger »Herzblutwerke« in Gegensatz zu ihm: »Die drei Klavierstücke von Schönberg [op. 11] kenne ich; da kann ich selbst nicht mehr mit; ob so was noch irgend mit dem Namen ›Musik‹ versehen werden kann, weiß ich nicht: mein Hirn ist dazu wirklich zu veraltet! [...] O, es ist zum Konservativwerden. Ich glaube, behaupten zu dürfen, daß der Weg, den ich in Op. 113, 114 und 116 gehe, eher zu einem Ziel führt, als all die neuen Wege.«

8 »Jedes Nötchen genauestens auf *Klang* berechnet!« – Symphonisches und Chorwerke

Die Komposition des ersten großen Orchesterwerks des 30-Jährigen, der *Sinfonietta A-Dur* op. 90 (1904/05), hatte er Anfang 1904 zunächst unter dem Arbeitstitel »Serenade« konzipiert, wofür vor allem Brahms' erste Orchesterserenade D-Dur op. 11 Vorbild gewesen sein mag, deren konventionelle Orchesterbesetzung er durch die Harfe anreicherte. Doch der Schwung, mit dem er die geplante Serenade vorantreiben wollte, hielt nicht an, da ihn Zweifel an der musikalischen Form überkamen. Die Umwandlung von Inhalt und Titel in Richtung einer viersätzigen symphonischen Form war mitverursacht durch sein Bemühen, sich von den ihm unverständlichen Entwicklungsexzessen der zeitgenössischen symphonischen Dichtung abzusetzen. Namentlich Strauss' *Sinfonia domestica* und deren Anspielungen auf die eheliche Sexualität widerten den ansonsten nicht eben prüden Reger zutiefst an. Er berief sich darauf, »daß die klassische Form absolut nicht veraltet« sei.

Trotz des überschaubaren Orchesterapparats erstickt die kompositorische Faktur der *Sinfonietta* unter martialischem Gestus sowie polyphoner und kontrapunktischer Überwucherung. Auffällig für Regers Schreibwerkstatt ist, dass im ersten Satz bereits wörtliche Vorwegnahmen der zehn Jahre später entstehenden *Mozart-Variationen* anklingen. Die Uraufführung der *Sinfonietta* fand am 8. Oktober 1905 unter der Leitung von Felix Mottl in Essen statt.

Nach der sperrigen *Sinfonietta* ist die wiederum viersätzige Serenade G-Dur op. 95 (1905/06) von geradezu schwärmerischem Geist. Reger nannte sie »ein *Beruhigungsmittel* auf die *Sinfonietta*« und hatte sie als bewusstes Gegenstück konzipiert: »Wie Ihr schon aus der Partitur erseht, ist die Serenade Satz I und II ganz *dünn*, licht, doch sehr raffiniert instrumentiert; es wird mir also *kein* Mensch bei *diesem* Werk den Vorwurf machen können, daß es zu gleichartig in den Klangfarben ist! Besonders bei den Hörnern hab ich ganz gehörig ›aufgehellt‹!« Ein Mittel von Regers gewachsener klanglicher Finesse ist die erstmalige durchgängige Teilung der Streicher in zwei getrennt sitzende Streichorchester, von denen eines con sordino, also mit Dämpfer, spielt. Dadurch ergeben sich hinreißende Effekte eines Chiaroscuro, die Reger im Bereich bis zum dreifachen Piano abtönt. Besonders der zweite Satz *(Vivace a burlesca)* sticht als Elfenspuk von Mendelssohn'scher Delikatesse hervor. Deutlich sind hier bereits die Charakteristika angedeutet, die Regers Meininger Orchesterwerke zu den herausragenden Kompositionen der Epoche erheben werden. Die Serenade wurde im Juli 1906 beendet und im Oktober von Fritz Steinbach in Köln uraufgeführt.

SYMPHONISCHES ERFOLGSSTÜCK

Die von Fritz Steinbach in Köln uraufgeführten *Hiller-Variationen* (mit vollem Titel *Variationen und Fuge über ein [lustiges] Thema von Johann Adam Hiller* op. 100, wobei das Adjektiv ohne Regers Autorisation vom Verleger hinzugesetzt wurde) von 1907 waren seinerzeit ein vielgespieltes Erfolgsstück. Reger wandte hier erstmals (nach der Erprobung auf einem bzw. zwei Klavieren bei den Variationen über Bach op. 81 und Beethoven op. 86) sein Erfolgsrezept, einen Variationszyklus mit einer ausgedehnten Schlussfuge zu krönen, bei einer Orchesterkomposition an. In der mechanistischen Fortschrittsgläubigkeit seiner Zeit sah er eine derartige aufgebaute Schlussfuge, die im dreifachen Forte mit einer Aufeinanderschichtung der beiden Fugenthemen und deren Überhöhung durch das Variationsthema in seiner Originalgestalt kulminierte, geradezu als sein Patent an.

Dass sein op. 100 heute kaum noch auf den Konzertprogrammen erscheint, liegt an der beherrschenden Stellung der *Mozart-Variationen*, seiner bekanntesten und am häufigsten aufgeführten Komposition: Aufgrund seiner thematischen Substanz und der daraus folgenden Bandbreite der Verarbeitungsmöglichkeiten hatte Mozarts Thema das weitaus größere variative Potential im Vergleich mit dem harmlosen, repetitiv-läppischen Hiller-Thema.

HEUTE VERGESSENE GROSSWERKE

Die beiden großformatigen, im weitesten Sinne geistlichen Werke *Der 100. Psalm* op. 106 und *Die Nonnen* op. 112 haben trotz ihrer unterschiedlichen Faktur vieles gemeinsam; seinerzeit höchst erfolgreich aufgeführt, sind sie heute allerdings so gut wie vergessen. *Der 100. Psalm für gemischten Chor, Orchester und Orgel* entstand in zwei Teilen: 1908 komponierte Reger den Einleitungsteil *Jauchzet dem Herrn, alle Welt!* als musikalischen Dank für die Verleihung der Ehrendoktorwürde der Universität Jena – jener Stadt, in der er, was sich damals noch keineswegs andeutete, ab 1915 seinen letzten Wohnsitz nehmen sollte. Dieser Satz wurde unter der Leitung des Universitätsmusikdirektors Fritz Stein am 31. Juli 1908 uraufgeführt. Doch bis in den Sommer des Folgejahres beschäftigte sich Reger mit der Vertonung der restlichen Psalmteile, womit er die Komposition in die Gestalt einer viersätzigen Symphonie-Kantate brachte – wieder ein Surrogat der auch später so oft angestrebten, aber nie fertiggestellten Symphonie.

Verschränkt mit der Vollendung des *100. Psalms* begann er im Mai 1909 die Vertonung von *Die Nonnen*, der nicht nur aus heutiger Sicht schwülstigen Beschreibung einer ekstatischen Christus-Vision. Interessant an der im Reger-Jahr 2016 mehrfach aufgeführten Komposition ist der Gegensatz einer absolut modernen, symbolistisch wuchernden Tonsprache der kommentierenden Gedichtzeilen und der archaisierenden, an die Gregorianik erinnernden Klangwelt des Nonnengesangs, der nur von viergeteilt-hohlen Bratschen untermalt wird und unwillkürlich an Pfitzners ungefähr zu gleicher Zeit entstandene »musikalische Legende« *Palestrina* denken lässt. Reger schrieb an den Autor Martin Boelitz von einer »tristan-übersinnlich-religiös sinnlichen Stimmung«. Uraufgeführt wurde die Komposition beim Reger-Fest 1910 in Dortmund.

Regers *Symphonischer Prolog zu einer Tragödie* op. 108 (1908) hat nicht etwa eine spezifische Schauspieltragödie im Blick, sondern nimmt nur den Gestus einer »Tragischen Ouvertüre« auf. Nach einer langsamen Introduktion werden vier Themengruppen vorgestellt und in einem symphonischen Durchführungsteil verarbeitet. Reger nannte den Anfang die »5 kompliziertesten Takte des ganzen Werkes«, da er aus diesem Material die nachfolgend ausgebreiteten Themen der ausgedehnten einsätzigen Komposition destilliert. Obwohl diese Hauptthemen in seiner absoluten, nicht inhaltsgebundenen Tonsprache kaum leitmotivisch eingesetzt werden, erinnern die Palette der Klangvaleurs und die motivische Durchgestaltung an Alexander von Zemlinskys wenige Jahre zuvor entstandene Tondichtung *Die Seejungfrau* – ein weiteres Beispiel für die Modernität und Aktualität Max Regers, obwohl dieser sich bewusst von jeglicher Schule und Richtungsbildung fernhielt.

Regers op. 108 wurde im März 1909 in Köln von Fritz Steinbach uraufgeführt. Durch sein symphonisches Ausmaß von etwa 40 Aufführungsminuten hatte der *Symphonische Prolog*, der *Neuen Musikzeitung* zufolge, jedoch nur mäßigen Erfolg, weshalb der Kritiker eine Streichung von Überlängen empfahl – ein Rat, den Reger zunächst nur widerstrebend annahm, der sich aber dann bei der seinerzeitigen Verbreitung des Werks als sinnvoll erwies. Aber auch in der verkürzten Gestalt spielt sein op. 108 heute im symphonischen Repertoire keine Rolle mehr.

Eine Lustspiel-Ouvertüre op. 120 (1911) hätte einen festen Platz im Orchesterrepertoire als klassisches Eröffnungsstück verdient. Sie entstand als Nachklang von Regers erstem Besuch in Meiningen, bei dem er im April 1911 als designierter Hofkapellmeister erstmals bei einer Probe sein zukünftiges Orchester kennengelernt hatte. Das Stück enthält denn auch ein deutliches Zitat aus der I. Symphonie von Brahms, Meiningens Hausgott; so wirkt die Ouvertüre einerseits rückwärtsgewandt als Reverenz an die Meininger Tradition, andererseits vorausweisend auf Regers Vorhaben, selbst endlich in Meiningen die so oft als Ziel formulierte Symphonie komponieren zu wollen. Ansonsten ist die siebenminütige Ouvertüre ein übermütig verspieltes, beinahe schon frivoles Stück und frei von aller Gedankenschwere. Allerdings versäumt es Reger nicht, sein gesamtes Kompositionsbesteck auszubreiten, bis hin zum Sechzehntelfugato im dreifachen Piano. Die Musik birst geradezu vor lauter Vorfreude auf die Meininger Tätigkeit. Bereits Mitte Mai 1911 war die Partitur fertig; uraufgeführt wurde die Ouvertüre im Oktober in Boston.

MEININGER MEISTERSCHAFT

Das *Konzert im alten Styl F-Dur* ist, 1912 komponiert, das erste in Meiningen entstandene Werk, immerhin bereits das op. 123 des noch nicht 40-Jährigen. In dieser Komposition begründet er einen Meininger Neoklassizismus (oder Neobarock) avant la lettre und trifft sich mit der Rückbesinnung auf barocke Formen mit der von seinem neuen Dienstherrn Herzog Georg II. gepflegten ästhetischen Vorliebe für den Historismus.

Er setzt sich über alle traditionellen symphonischen oder neutönerischen Tendenzen hinweg und richtet seinen Blick über 200 Jahre zurück: Wie in einem Concerto von Bach oder Händel sind die Streicher, Holz- und Blechbläser blockweise gegeneinander gesetzt, sie spielen einander die Themen zu oder bilden die harmonische Basis für die konzertierenden Soloviolinen. Im Kontrast zu den hart aneinandergeschnittenen, manchmal geradezu montiert wirkenden thematischen und instrumentalen Blöcken ist die Harmonik völlig linear durchlaufend und kann in der ausgeprägt weichen Modulationsfähigkeit ihren Schöpfer nicht verleugnen. Aber Reger war in fremdem stilistischem Gewand mehr als ein kompositorisches Chamäleon: Neben Stücken handwerklicher Konstruiertheit und architektonischer Verschachtelung stehen Sätze von unverstellter Emotionalität. Das Largo des dreisätzigen *Konzert im alten Styl* beginnt mit einer deutlichen Reminiszenz an Bachs berühmte Air (aus seiner 3. Orchestersuite) und ist mit herzerweichendem Melos von unverfälschter Innigkeit.

Diese »erste Frucht meiner Meininger Tätigkeit« widmete er seinem Dienstherrn Herzog Georg, wobei er den »alten Styl« als augenzwinkernde Reverenz an die verzopften höfischen Rituale der kleinen Residenz betrachtet haben mag. Die raffinierten klanglichen Effekte werden mit einem bemerkenswert kleinen Orchesterapparat erzielt – ganz im Gegensatz zu Regers bisherigen Orchesterpartituren. Er hat immer wieder betont, wie sehr die Werkstattarbeit mit der mit 52 Musikern vergleichsweise klein besetzten Meininger Hofkapelle zur Durchsichtigkeit seiner Partituren beigetragen habe. Mit dem sogenannten »Meininger Piano«, einer seit Bülows Zeiten gepflegten Tradition, machte Reger aus der Not der kleinen Besetzung eine Tugend und kultivierte einen Klangzauber der leisen Abstufungen, der nach den Zeugnissen damaliger Musiker auch seiner Spezialität als Pianist entsprach.

EINE ROMANTISCHE SUITE

Für *Eine romantische Suite* op. 125 (1912) hat Reger unter dem Arbeitstitel *Eine Nachtmusik für Orchester* drei Gedichte von Joseph von Eichendorff ausgewählt und diese in der Partitur auszugsweise den mit *Notturno*, *Scherzo* und *Finale* bezeichneten Sätzen vorangestellt. Zu Beginn des *Notturno* hebt sich ein impressionistischer Vorhang mit eindeutigem musikalischem Verweis auf den französischen Impressionismus, mit dem Reger den Hörer in die musikalische Naturatmosphäre von Claude Debussy oder die Märchenwelt Maurice Ravels versetzt. Es ist erstaunlich, wie Reger, als Dirigent mit den Partituren Debussys zur Vorbereitung seiner ersten Meininger Saison beschäftigt, diese musikalische Neuerung gleich in seine eigene Komposition überträgt: Er antizipiert geradezu die geheimnisverschleierte Stimmung von Debussys Ballett-Orchesterstück *Jeux* von 1913!

Doch ist das *Notturno* nichts weniger als eine nächtliche Idylle; Reger sinniert über Tod und Vergänglichkeit, wenn die Posaunen im dreifachen Piano die durch das Signum b-a-c-h bekannte Viertonfolge intonieren und dabei von der Pauke mit einem musikalischen Todessymbol, dem Wechsel von Triole und Duole, grundiert werden. Als heller Choralanklang löst sich (espressivo ben marcato) die 1. Klarinette aus dem Stimmengeflecht mit einem Zitat aus Paul Gerhardts Abendlied *Nun ruhen alle Wälder*, das als Choralmelodie Heinrich Isaacs *(O Welt, ich muss dich lassen)* auch aus Bachs Kantaten und Passionen bekannt ist. Es verbreitet sich eine gelöste Stimmung von Seelenfrieden und Schicksalsergebung, bis sich am Ende das Todesmotiv auflöst und von Klängen rauschhafter Zuversicht verdrängt wird.

Im *Scherzo* führen Harfenakkorde, Geigentremoli und Flötengirlanden in die Traumwelt eines walzertaktig irrlichternden *Elfenreigen* (so der ursprüngliche Satztitel), ehe das zunächst mit *Helios* überschriebene Finale die märchenhafte Stimmung des »Es war einmal« wieder aufnimmt. Doch wenn sich hier erneut der Vorhang der Anfangsakkorde hebt, dann nur, um den erwachenden Morgen einzulassen, der die Anklänge des nächtlichen Elfenspuks vertreibt und in einen gleißenden Sonnenaufgang mündet, der in seiner weltbejahenden Zuversicht an den apotheotischen Schluss von Mahlers I. oder II. Symphonie denken lässt.

Theodor W. Adorno über Reger

Theodor Wiesengrund Adorno (1903–1969), der sich in jungen Jahren mühte, Musiker zu werden, notierte über einen Diskurs mit seinem Lehrer Alban Berg: »Reger, der in den Programmen des Vereins für musikalische Privataufführungen eine große Rolle spielte, verteidigte er, konzedierte aber ohne viel Widerstrebens, daß jeder Takt aus jedem seiner reiferen Werke in jedes andere transponiert werden könnte.« Und in einem Aufsatz über den Komponisten Karl Zillig formulierte Adorno das Problem, dass Reger in kompositorischen Momentaufnahmen nur austauschbare Zustände abbildet und weniger eine musikalische Entwicklung komponiert: »Musiker wie Zillig denken eigentlich gar nicht in einzelnen Werken, sondern in einer Art klingendem monologue intérieur, aus dem dann die einzelnen Arbeiten zufällig fast sich lösen, ohne feste Kontur gegeneinander. Max Reger war der größte Repräsentant dieses Typus. In dessen reifen Stücken ließen mühelos nicht nur Sätze, sondern auch Teilkomplexe sich austauschen; so als ob die einzelnen Stücke dem Kontinuum zuliebe ihre eigene Bestimmtheit aufopferten.«

BÖCKLIN-SUITE

Im Oktober 1912 hatte Reger zu Beginn seiner zweiten Saison als Meininger Hofkapellmeister dem herzoglichen Dienstherrn eine kompositorische Idee mitgeteilt und dabei bereits die Satzfolge beschrieben: »vier Tondichtungen nach Gemälden von Arnold Böcklin: a) ›der geigende Eremit‹ b) ›Spiel der Wellen‹ c) ›die Toteninsel‹ d) ›Bacchanale‹.« Diese Gemälde Böcklins könnte er in München, Berlin und Leipzig gesehen haben. *Die Toteninsel* liegt in mehreren Fassungen vor und hatte wenige Jahre zuvor auch Sergej Rachmaninow zu seiner Tondichtung op. 29 angeregt. Reproduktionen der Gemälde Böcklins waren in großbürgerlichen Wohnstuben der wilhelminischen Gründerzeit äußerst verbreitet (ähnlich dem sprichwörtlichen »Röhrenden Hirsch« im »Gelsenkirchener Barock« der Mittelschicht). Auch über Regers Schreibtisch in Leipzig hing ab 1904 eine Reproduktion von *Der geigende Eremit* (auch bekannt als *Der Einsiedler*), und der surrealistische Maler Giorgio de Chirico hatte sich 1906, als er seinen Bruder, den späteren Musiker und Maler Alberto Savinio, zu Regers Kompositionsunterricht begleitete, in einen Böcklin-Bildband aus dessen Bibliothek vertieft.

Regers *Böcklin-Suite* op. 128 ist in mehrfacher Hinsicht ein erstaunliches und herausragendes Werk. Einmal ist sie ein »Ausflug in das Gebiet der Programmusik«, von der er sich ansonsten immer abgesetzt und gegen die er die traditionellen Formen absoluter Musik gestellt hatte. Daher können die vier Bilder der *Böcklin-Suite* in Anordnung und Gehalt – mit einem an zweiter Stelle stehenden scherzohaften Vivace und einem langsamen dritten Satz vor dem rauschhaften Finale – als bewusste Anlehnung an die viersätzige symphonische Struktur gedeutet werden. Weiterhin setzt er hier Maßstäbe für spätere strukturelle Koloristen wie etwa Ottorino Respighi, der sich nicht nur, wie Reger, ebenfalls auf barocke Formen und Vorbilder besinnen sollte, sondern der in einer Kombination aus impressionistischer Tonsprache und antikisierenden Anklängen *Römische Pinien*, *Römische Brunnen* und *Römische Feste* in Musik setzte.

Über *Eine Ballettsuite* op. 130 (1913) hatte Reger im Dezember 1912 an Straube geschrieben: »[...] ich will im nächsten Sommer ›als Vorbereitung‹ zur Symphonie schreiben *außer* meinen vier Tondichtungen nach Böcklin [...] noch etwas *unendlich Graziöses*, etwas Urfeines im Klang, zierlich in der Musik und *spinnwebfein* instrumentiert. Ich dachte schon an eine Ballet-Suite (sic) von vielleicht 5 Sätzen; jeder Satz knapp 5 Minuten; aber jeder Satz höchst graziös und delikat; etwas für *musikalische Feinschmecker* 1. Güte.« Als ikonographische Vorbilder schwebten ihm die Figuren der Commedia dell'arte vor: Nach dem Entrée (Tempo di marcia) werden zunächst Colombine und dann der purzelbaumschlagende Harlequin eingeführt, gefolgt vom traurigen Paar Pierrot und Pierette (Oboe und Solocello). Ein seltenes, hinreißendes Zeugnis von Regers unverstellt spielerischer Musikalität ist der vorletzte Satz; nach einer Probe zur Uraufführung mit der Meininger Hofkapelle berichtet er Herzog Georg voller Erstaunen über sich selbst: »Beim Valse d'amour schmunzelt das ganze Orchester; dieser [...] könnte von jedem anderen, nur nicht von mir sein; man kann richtig danach tanzen.« – Ein kurzes, aber ausgefeilt tumultuöses Presto-Finale schließt die kleine Satzfolge ab.

»WIR BRAUCHEN NÖTIGST VIEL, VIEL MOZART!!!«

Vor dem Hintergrund seines ausgedehnten symphonischen Schaffens wirkt es geradezu tragisch, dass Reger heute im Konzertsaal fast nur noch durch ein einziges Werk bekannt ist, seine *Variationen und Fuge über ein Thema von Mozart* op. 132, entstanden im Frühjahr 1914 nach dem plötzlichen Abschied von seinem Meininger Amt und gewidmet »Der Meininger Hofkapelle zur Erinnerung«. Es ist sein letztes symphonisches Orchesterwerk, wenn man von der zeit- und anlassgebundenen *Vaterländischen Ouvertüre* op. 140 absieht. Das Thema des Kopfsatzes wählte er aus Mozarts Klaviersonate A-Dur KV 331, die noch durch einen zweiten, auch aus dem Sonatenzusammenhang gerissenen Satz bekannt ist: das *Rondo Alla Turca*, auch als *Türkischer Marsch* berühmt geworden.

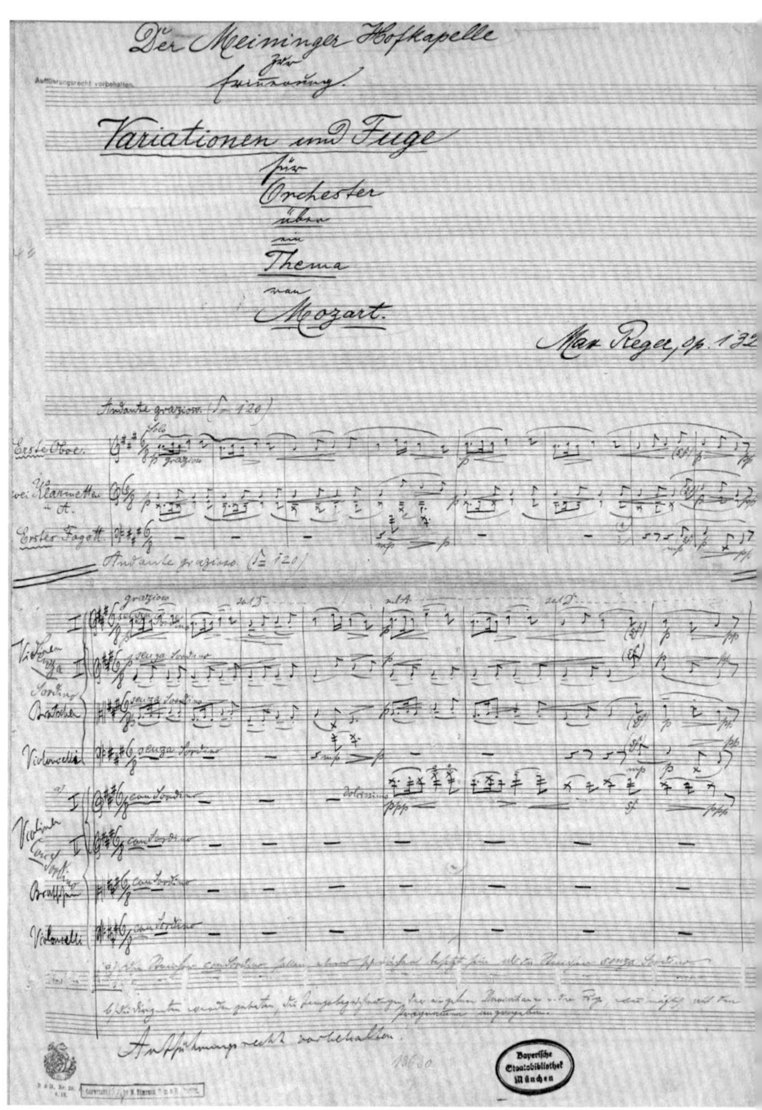

Reinschrift von Regers heute meistaufgeführtem Werk, den Mozart-Variationen

Eine Besonderheit dieses Werks liegt darin, dass der erste Satz nicht auf der kanonisierten Sonatenhauptsatzform aufbaut, sondern Mozart bereits hier – als Kopfsatz höchst ungewöhnlich – einen Variationssatz schreibt. Dass Reger ebendieses Thema wiederum für seine eigenen Variationen wählt, ist eine Verneigung vor Mozart, aber auch eine Hommage auf Augenhöhe, ein selbstbewusstes »Das kann ich auch«.

Regers Verehrung dieses Komponisten (»Wir brauchen nötigst viel, viel Mozart!!!«, schreibt er 1914 an seine pianistische Vorkämpferin Frieda Kwast-Hodapp) bedeutet aber mehr als einen Rückzug in eine vermeintlich heile Rokoko-Welt und geht über das »Sich-Einverleiben« eines Klassikers als Folie zur Selbstdarstellung – Roman Brotbeck spricht von der »Possessivität in Regers Wesen« – weit hinaus: Der Bezug auf Mozart ist Regers Rückzug in die Innerlichkeit. Das Aufbäumen in den schnellen Variationen, alles Absetzen, Abbrechen, Atemholen in den langsamen Teilen scheint wie ein Abbild seines Innenlebens, als habe er in sich hineingehorcht, als entspräche der stockende Rhythmus der Musik seinem beunruhigenden Elektrokardiogramm. Regers *Mozart-Variationen* sind das ökonomischste Beispiel seiner als »Variationen und Fuge« gestalteten Zyklen und gerade daher so charakteristisch: Jede der acht Variationen ist in Duktus und Charakter unverwechselbar, niemals hat der Hörer den Eindruck einer Wiederholung der Mittel.

In unverstellt naiver Weise über sich selbst staunend schrieb er an den Verleger Simrock: »Donnerwetter, die Mozart-Variationen müssen im Orchester *wundervoll* klingen! Diese Partitur ist mit enormem Fleiße gemacht; da ist jedes Nötchen genauestens auf *Klang* berechnet!« Typisch für ihn ist die auf seiner Arbeitsethik fußende kategoriale Verschiebung des Qualitätsurteils: Der berechnende Fleiß ist das wesentliche Kriterium, nicht etwa Begabung, instrumentatorische Erfahrung oder kompositorisches Geschick – ganz zu schweigen etwa von der Inspiration, dem für den Zeitgenossen Hans Pfitzner wichtigsten Kompositionsimpuls!

CHORWERKE A CAPPELLA

Regers unbegleitete Chorwerke sind ungeschützter Ausdruck seiner tiefen Religiosität und ungebrochenen Glaubensgewissheit. Die bedeutendsten, die drei Motetten op. 110, stehen dabei in der Tradition seines Fixsterns Johann Sebastian Bach; durch den regelmäßigen Besuch der Leipziger Thomaskirche mit ihren wöchentlichen Bach-Aufführungen fühlte er sich zur Komposition angeregt. *Mein Odem ist schwach*, die erste der drei Motetten, komponierte er 1909 und widmete sie dem Thomanerchor. Bei dieser ersten wie bei der 1911 entstandenen zweiten Motette *Ach Herr, strafe mich nicht* sind die von ihm zusammengestellten Texte abschnittweise und kontrastierend ausgestaltet, wobei meditative und choralartige Passagen sich mit ausgedehnten und chorisch höchst anspruchsvollen Fugen abwechseln. Die dritte, im September 1914 entstandene Motette *O Tod, wie bitter bist Du* ist von weniger virtuosem Charakter, aber beklemmend eindrücklich in Rückbezug auf Regers anderes Vorbild Johannes Brahms und den dritten von dessen *Vier ernsten Gesängen* op. 121 (die Brahms Max Klinger gewidmet hatte).

9 Lebensfreude und Todesnähe (Meiningen/Jena 1914–1916)

Regers Zusammenbruch im Frühjahr 1914 lag sicherlich in der körperlichen Überlastung durch das kräftezehrende Arbeits- und Reisepensum begründet. Hinzu kamen, wie Rainer Cadenbach nachvollziehbar darstellt, auch psychische Ursachen. Bislang war er immer vor Situationen, die sich prekär zu entwickeln drohten, geflohen: Wiesbaden, München und Leipzig hatte er nach hohen Erwartungen relativ plötzlich verlassen. Nun musste er feststellen, dass auch der Meininger Lebensentwurf sich als Sackgasse erwies. Bei jedem Ortswechsel hatten äußere Widerstände und Streit mit Institutionen eine Rolle gespielt: in München die Akademie der Tonkunst, in Leipzig die Universität, in Meiningen nun die Hofverwaltung.

Vielleicht ist dieser Kollaps auch als Flucht vor privaten Konstellationen zu sehen, vor denen er lange die Augen verschlossen hatte – etwa den zunehmenden ehelichen Auseinandersetzungen. Mitleiderregend lesen sich jedenfalls Regers Schilderungen seiner Todesängste beim Einschlafen, die so gar nicht zum immer wieder beschworenen Bild von unerschütterlicher innerer und äußerer Gesundheit passen: »[I]ch sah Gespenster u. fürchtete mich allein zu schlafen; habe auf den Concertreisen immer die Nächte durchgelesen, weil ich Angst vor dem zu Bette gehen hatte! Kurzum ein schauerlicher Zustand!« In seiner Musik hatte er sich immer mit der Endlichkeit des Lebens auseinandergesetzt. »Durch meine ganze Musik geht als roter Faden der Choral: ›Wenn ich einmal muss scheiden, so scheide nicht von mir‹«, bekannte er dem Klarinettisten Hermann Wiebel, und Regers Schüler Hermann Unger hielt fest: »Er wies in jener Stunde hin auf einen Choral, der gleichsam als Leitmotiv durch all seine Werke ging: ›O Welt, ich muss dich lassen‹, und nannte seine schwere Jugend, die Gegensätze mit dem Elternhaus, die Krankheiten, die seine Frau mehrmals an den Rand des Grabes gebracht hatten, als Ursache seines Pessimismus.«

Reger hatte nach seinem Zusammenbruch für mehrere Monate alle Konzertauftritte abgesagt, jedoch war sein kompositorischer Impetus nicht zu zügeln: Während der Kur im Sanatorium Martinsbrunn bei Meran entstand die Idee zu den Solosuiten op. 131 und den *Mozart-Variationen* op. 132, Werke des Übergangs zum klassizistischen, innerlichen Spätstil.

»JETZT BEGINNT DER FREIE, JENAISCHE STIL BEI REGER«

Die Wahl von Jena als künftigem Wohnsitz fiel bereits während des Meraner Kuraufenthalts im April 1914. Die Landschaft Thüringens war ihm ans Herz gewachsen, und der traditionsreichen dortigen Universität fühlte er sich seit seiner Ehrenpromotion 1908 verbunden. Dass ihn der zum treuen Freund gewachsene Jenaer Universitätsmusikdirektor Fritz Stein während der Krisenzeit nach dem körperlichen Zusammenbruch begleitete, hat diese Entscheidung sicherlich beeinflusst. Der sechs Jahre jüngere Stein war in dem Maße, in dem Straube sich von Reger abwandte, zum unentbehrlichen Ratgeber und Freund gewachsen, der ihn zum Patenonkel seiner beiden Kinder machte.

Er »ziehe *nie* mehr in eine Stadt, die einen *Hof* hat!«, schrieb Reger im Mai 1914, und noch ein Jahr später, als er nach seiner Übersiedlung nach Jena bereits Anteil nahm am freien Geistesleben der Universitätsstadt, bekannte er einem Meininger Schauspielerfreund: »Glauben Sie, solche kleine Städte – noch dazu ›Hof‹ und solches Überwiegen des Militärs in gesellschaftlicher Beziehung sind der Ruin des Künstlers! Deshalb mußte die Trennung von Meiningen kommen!« Jena, eine Stadt mit 40.000 Einwohnern, verfügte über sehr gute Eisenbahnverbindungen, mit denen Leipzig zum wöchentlichen Unterricht gut zu erreichen war; in der Beethovenstraße 2 fand sich eine großzügige Villa, und bereits Anfang Juni 1914 konnte der Kaufvertrag unterschrieben werden. Es folgte ein halbes Jahr mit An- und Umbauten sowie der Installation einer Zentralheizung, bis die Familie im März 1915 übersiedeln konnte. Trotz der kriegsbedingten Einschnitte sollte Reger hier nochmals zu völlig neuer Gelöstheit finden. Straube, den er nach wie vor als Instanz ansah, kündigte er im April 1915 die neue c-Moll-Violinsonate op. 139 an und signalisierte dabei geradezu jubelnd: »Jetzt beginnt der freie, jenaische Stil bei Reger. Du wirst erstaunt sein, wie ganz anders in der ganzen Technik die neue Sonate ist.«

HILFE FÜR DIE HOFKAPELLE

Regers Abwendung von Meiningen und die Ablehnung des höfisch-kleinstädtischen Ambientes bezog sich ausdrücklich nicht auf den Ende Juni 1914 verstorbenen Herzog Georg, dessen Andenken der Komponist hochhielt. So kaufte er sich noch im Herbst »ein wundervolles Portrait unseres alten Herzogs Georg« und schrieb an seinen Hamburger Freund Hans von Ohlendorff: »Von meinen sämtlichen Titeln führe ich außer dem Doktor nur noch den ›Generalmusikdirektor‹ zur Erinnerung an den alten verstorbenen Herzog von Meiningen.« Und obwohl jener sich ihm gegenüber immer wieder geweigert hatte, seinem Sohn und Nachfolger bindende Festlegungen bezüglich der Hofkapelle aufzuerlegen, so fasste es Reger doch als persönlichen Affront und Sakrileg an der ruhmreichen Meininger Orchestergeschichte auf, dass Bernhard III. (1851–1928) nach Kriegsausbruch die Hofkapelle auflöste und so zahlreiche Musiker und deren Familien in Armut stürzte. Reger organisierte sofort Benefizkonzerte mit den entlassenen Kapellmitgliedern, trat selbst ohne Honorar auf und bat seine vermögenden Freunde um Spenden. »Ein Bülow, Steinbach u. ich haben die Kapelle von Sieg zu Sieg geführt – u. kaum deckt den alten Herzog der Rasen, so wird dieses Orchester mit dieser wahrlich ruhmreichen Vergangenheit aufgelöst«, schreibt er im Juli 1914 an Fritz Stein, der zwar auf seinen Vorschlag hin noch als Nachfolger an der Spitze der Hofkapelle benannt wurde, aber aufgrund von deren Auflösung nach Kriegsbeginn diese Position nicht mehr antreten konnte.

Nicht nur in musikalischer und organisatorischer Hinsicht entwickelte sich Stein zu seinem engsten Vertrauten; Reger berichtet ihm auch von den ständigen und zunehmenden Differenzen mit Elsa, die »heimlich« mit Architekten in Jena über die Hausumbauten korrespondiere und »dubiose«, ihm nicht genehme Freundschaften pflege. Unter dem Siegel der Verschwiegenheit schreibt er Stein: »Sie hat mal wieder ihren ›Kopf‹ auf [...]«

Meinungen dreier Kritiker über Reger

Ernst Bloch schreibt in *Geist der Utopie* (1915/16): »Pfitzner, eine feine, bunte Blume, Reger, ein leeres, gefährliches Können und eine Lüge dazu. Er weiß nicht recht, ungebildet wie er schon ist, ob er Walzer oder Passacaglien schreiben soll, ob er die Toteninsel oder den 100. Psalm zu vertonen hat. So sehen Ton und Sprache nicht aus, wenn man morgens an der Quelle sitzt. Wie leer bleibt alles, wenn sich Reger, die unbachischste aller nur denkbaren Erscheinungen, auch noch gläubig gibt, weil der geborene Anlehner und Variationenkünstler gerade formal in diesem Geleise läuft. Er ist nichts, er hat nichts als eine Fingerfertigkeit höherer Ordnung, und das Empörende daran bleibt, daß er doch nicht nur nichts ist, ein Quell der beständigen fruchtlosen Irritierung.«

Alexander Berrsche, der einfühlsam sprachgewaltige und sachkundige Münchner Musikkritiker, hat seinem Lehrer Reger manch kluge Betrachtung gewidmet. Zu dessen 60. Geburtstag im deutschen Schicksalsjahr 1933 blickt Berrsche zurück und findet in wenigen Worten eine griffige Einordnung: »[...] seine Formgestaltung [untersteht] nicht dem Beethovenschen Entwicklungsprinzip, sondern hat statt aller kompositionellen Dialektik einen Hang zum Zuständlichen und zum natürlichen, unmerklichen Wachsen aus einem Zustand in den andern. Der Schwerpunkt des kompositionellen Geschehens liegt nicht mehr in der Durchführung, sondern in der Themenaufstellung selbst, im Einfallsmäßigen. Und so erklärt es sich auch, daß Reger unter den großen Meistern der erste und einzige war, der von Bach stärker gefesselt wurde als von Beethoven.«

Hans Heinz Stuckenschmidt stellt Reger in seinem Buch *Neue Musik* in eine Reihe mit Claude Debussy und Richard Strauss: »Ohne Debussys ›Préludes‹, Straußens ›Salome‹ und Regers Kammermusik ist der Radikalismus der zweiten Neutöner-Generation so wenig vorstellbar wie die Moderne der französischen und der deutschen Malerei ohne Paul Cézanne, Vincent van Gogh und Max Liebermann.«

»Es ist grauenhaft!« – Kriegsbeginn

Mit Kriegsausbruch äußerte sich Reger nur verhalten patriotisch. Am 15. August 1914 schreibt er an Stein: »Ich thue seit ein paar Tagen als *freiwilliger* Schreiber Dienst bei den Aushebungen; da nun der Landsturm einberufen ist, so muß ich mich natürlich ordnungsgemäß melden, werde aber sofort *ganz frei* werden – denn das habe ich schon jetzt gesehen bei den Aushebungen d. h. bei den ärztlichen Untersuchungen, daß ich absolut auf Grund meiner körperlichen *Fehler* [...] *dauernd untauglich* bin.« Und vier Tage später schreibt er nach seiner Musterung an den Verlag Simrock, »daß ich bei der Stellung des Landsturms 2. Aufgebot hier, zu dem ich gehöre, als total *untauglich* nach Hause geschickt worden bin [...] ich habe viel *zu schwache* und *zu kleine* Füße!« Als er im Oktober 1914 zum »Heldentod« des Schwagers von Karl Straube kondoliert, verfällt Reger zwar in chauvinistische Klischees, definiert vor allem aber Deutschland als Kulturnation: »Er hat auch sein Teil dazu beigetragen, daß das Deutschtum eines Bach, Goethe, Beethoven von asiatischem Russengesindel, belgischen und französischen größenwahnsinnigen Prahlhänsen und englischen elenden Krämerseelen nicht vernichtet wird [...]«

Um aber auf ureigenstem Terrain zum Wehrwillen beizutragen, komponierte Reger eine *Vaterländische Ouvertüre*, über die er im September 1914 an den Verlag Simrock schreibt: »Ob wir auf die Widmung des Werkes drucken: Unserem ruhmreichen *oder siegreichen* deutschen Heere – das läßt sich ja endgültig noch *definitiv* machen *kurz* vor dem Erscheinen des Werkes.« Letztlich erschien das Werk, aller Prophezeiung aus dem Wege gehend, noch 1914 mit der Widmung »Dem deutschen Heere!«.

An den Hamburger Freund Hans von Ohlendorff, der ihn 1911 bei der Abfassung seines Testaments beraten hatte und von ihm als Vormund der beiden Adoptivtöchter eingesetzt war, schrieb er an Heiligabend 1915: »Auch ich denke und hoffe, daß dieses Morden wirklich nicht lange mehr dauern kann es ist ja entsetzlich! Es ist, als ob die Menschheit in einem wahren Taumel von Haß, Mordlust etc. lebte! – Der größte Hohn, wenn man bedenkt, wie unsere Regierungen – ich meine damit natürlich auch die Regierungen unserer Feinde und diese sogar hauptsächlichst – stets die Schlagwörter von Kultur und Zivilisation gebrauchen. Es ist grauenhaft! Und das Tolle: es sind schließlich nur zehn Menschen die Anstifter dieser entsetzlichen Tragödie!« Im Gedächtnis bleibt Reger dem Freundeskreis um Schönberg und seine Schüler als Pazifist: Alban Berg schreibt 1919 in einem Brief an Regers früheren Schüler Erwin Schulhoff (der 1942 in einem bayerischen Internierungslager an Tuberkulose umkommen sollte) von jenen »deutschen Namen, die eben <u>nicht</u> für den Krieg eingetreten sind?!! Soll ich sie wiederholen. Z. Bsp.: Kraus, Altenberg, Loos, Schönberg, Zemlinsky, Reger, <u>uns</u> [...]«

Da im Herbst und Winter 1914 viele der geplanten Konzerte aufgrund des Kriegsgeschehens ausfallen mussten, nutzte Reger die ungewohnte Ruhe in Meiningen zur Komposition. So meldet er im August die Vollendung seines op. 134 an Stein: »Die Telemannvariationen hab' ich in 8 Tagen geschrieben – es sind 23 Variationen und eine <u>pompöse</u> Fuge.« Und am selben Tag bezieht er sich gegenüber Simrock auf ein kompositorisches Vorbild: »Ich glaube mit ruhigem Gewissen sagen zu können, daß seit Brahms' <u>Händelvariationen</u> <u>kein</u> derartiges Werk mehr geschaffen worden ist [...] Op 134 ist zweifellos mein bisher <u>bestes</u> Klavierwerk.«

UMKREISUNGEN DER TOTENMESSE

Ein Ergebnis einer zunehmenden Auseinandersetzung mit dem Tod – dem Massensterben im Krieg wie auch der eigenen

Endlichkeit – war das geplante Requiem, dessen Konzeption Reger bis zum Winter 1914 beschäftigte. Zunächst dachte er an eine Vertonung in deutscher Sprache, was ihm – einen »Abklatsch« von Brahms' *Deutschem Requiem* befürchtend – wohl von Straube ausgeredet wurde. Daraufhin begann er mit der Komposition in traditionellem Latein, »Dem Andenken der in diesem Kriege gefallenen Helden gewidmet!« Er hatte den *Introitus (Requiem aeternam)* und das *Kyrie* als eine gewaltige Materialschlacht im Griff und das *Dies irae* in seiner überrollenden Gewalt nahezu vollendet, als er die Komposition nach einem Treffen mit Straube unvermittelt abbrach. Ob (wie Elsa Reger festhält) »Straube mit seinem kühlen, zersetzenden Geist« daran die Schuld trägt oder ob Reger sich eventuell von der ungewohnten lateinischen Sprache oder gar dem Anspruch an eine Totenmesse überfordert fühlte, ist für seinen ihm nahestehenden Biografen Fritz Stein ungeklärt. Außer den Fragmenten des lateinischen Requiems ist leider kein geistliches Werk aus seiner Feder auf uns gekommen, wiewohl er oft an die Komposition eines *Te Deum* gehen wollte. »Es *fehlen* faktisch ein *Requiem* u. *Te Deum großen deutschen* Styls«, hatte er im Oktober 1914 an Simrock geschrieben. Als Kompensation für das unvollendete Requiem sollte einige Monate später das *Hebbel-Requiem* op. 144b entstehen.

Das sich ausweitende Kriegsgeschehen, die Auflösung der Meininger Hofkapelle und die vermeintliche Unfähigkeit zur Komposition eines Requiems führten bei Reger gegen Jahresende zu einer schweren depressiven Verstimmung. Zur Überwindung der Schaffenskrise half, wie so oft, die Rückbesinnung auf Bach. So machte sich Reger an die Bearbeitung von dessen Werken; zunächst einmal überarbeitete er eine von ihm selbst oft aufgeführte Fassung der *Goldberg-Variationen*, die Josef Rheinberger für zwei Klaviere gesetzt hatte. Zur gleichen Zeit komponierte er als »musikalischen Keuschheitsgürtel« die drei Suiten op. 131c für Violoncello solo.

Am 6. März 1915 brach Reger zu einer kleinen Konzertreise nach Holland auf. Da niemand in Meiningen vom Zeitpunkt seiner Abreise wusste, war für die verbleibenden Orchestermitglieder eine Probe angesetzt worden, weshalb keiner der Musiker ihm das Ehrengeleit zum Bahnhof gab. Reger betrachtete dies als persönliche Missachtung seitens der Musiker, für die er so viel getan hatte, und veranlasste bei seinem Verleger Simrock, die Widmung der *Mozart-Variationen* an die Hofkapelle zurückzuziehen, was jedoch aus drucktechnischen Gründen in der Orchesterpartitur nicht mehr möglich war. Nach Absolvierung der Konzerte reiste er nach Jena, wo seine Familie bereits das renovierte Haus bezogen hatte. Hier sollte ein völlig neuer, leider jedoch schicksalhaft kurzer letzter Lebensabschnitt beginnen.

Sein neues Heim beschrieb er mit großer Zufriedenheit: »Jena, Beethovenstraße; das ist eine Villa mit großem Garten, die ich mir gekauft habe, hoch am Berg oben gelegen – also gute Luft; nur Villenviertel da. Die Villa hat zehn große Zimmer, Zentralheizung, elektrisches Licht, drei Veranden, großen Balkon (fünf Meter lang, vier Meter breit), es ist ein sehr guter Kauf; sehr solide gebaut.« Und an Simrock: »[...] zum Hause – im Villenviertel von Jena gelegen – gehört ringsum ein Garten mit schönen großen alten Bäumen, so daß die Villa ganz im Grünen versteckt liegt. Die landschaftliche Umgebung von Jena ist sehr hübsch und gute Eisenbahnverbindungen überall hin.«

JENAER SCHAFFENSSCHUB

Reger genoss in den nächsten Monaten die freigeistige Atmosphäre der Universitätsstadt Jena und deren Gegensatz zum höfisch geprägten Meiningen. Ungewohnte Ruhe brachte dem ansonsten Rastlosen das stagnierende Konzertleben, weshalb er zwischen März und September 1915 nicht verreisen musste. Neue Geistesfreunde fand er unter den Jenaer Gelehrten: den Zoologen und Philosophen Ernst Haeckel (1834–1919) sowie den Philosophen und Nobelpreisträger Rudolf Eucken (1846–1926), in dessen Haus Reger Freunde unterbringen konnte, wenn die Kapazitäten seines eigenen Heims nicht ausreichten. Im privaten Rahmen eines Hauskonzerts wurde die neue Violinsonate c-Moll op. 139 uraufgeführt, die tatsächlich, wie Straube gegenüber angekündigt, ganz neue Charakteristika zeigt. (Auf dem handschriftlichen Programm bezeichnet er sich selbst als »Reger – Accordarbeiter«.)

Die ungewohnte Freiheit und neue Häuslichkeit brachte auch den Durchbruch zu frischer Kreativität, die sich bezeichnenderweise zunächst in Bearbeitungen und Arrangements von Kompositionen Bachs äußert. Das Doppelopus 141 (*Serenade* für Flöte, Violine und Viola op. 141a; Streichtrio op. 141b) spiegelt die beiden in op. 77 vertonten Werke und Besetzungen in unbeschwerter klassizistischer Leichtigkeit. Kleinere Kompositionen wie *Fünf neue Kinderlieder* op. 142 und die Klavierstücke *Träume am Kamin* op. 143 wirken ebenfalls wie ein Rückblick auf frühere Werke und betonen einen Rückzug ins Private. Einen Katalysator für Regers befreites Komponieren bedeuteten sicherlich die ersten Aufführungen der *Mozart-Variationen* im Februar 1915 als klingende Überprüfung der neuen, lichten Orchestrierungskunst. In der Euphorie dieser Erfahrung setzte er die elf Jahre zuvor für zwei Klaviere komponierten *Beethoven-Variationen* op. 86 ebenfalls in symphonischer Gestalt für Orchester.

Von größerer Schaffensruhe zeugen auch verschiedene Briefe an seine Verleger. Ganz im Gegensatz zu seinen sonstigen überstürzenden Ankündigungen neuer Werke schrieb er in jenen Monaten mehrmals, dass er nun »sehr lange« nichts anbieten könne, dann aber etwas Gutes. Das spricht für eine zunächst beabsichtigte längere Inkubationszeit, bevor dann aber doch seine letzten Kompositionen schneller aus ihm herausbrachen als vorhergesehen und beabsichtigt.

Bereits im Frühjahr 1912 hatte er schon einmal das Hebbel-Gedicht *Requiem* vertont, damals allerdings a cappella für Männerchor (als sein op. 83,10). Nun, ein halbes Jahr nach dem »verunglückten Requiem«, nimmt er sich sogar die ursprünglich für das lateinische Requiem bereits spartierte Partitur, also das für die verschiedenen Instrumentengruppen eingerichtete Notenpapier, und arbeitet die Blätter um für die kleinere Orchesterbesetzung einer erneuten Komposition des *Requiem*-Gedichts, diesmal für Alt oder Bariton solo, gemischten Chor und Orchester. Diese Komposition mit der Opuszahl 144b ist

»Dem Andenken der im grossen Kriege gefallenen Helden« gewidmet; den Partiturabschluss datiert er mit dem 25. August 1915; da ist der (in Frankreich und England heute noch als Grande Guerre bzw. Great War bezeichnete) »Große Krieg« gerade ein gutes Jahr alt. Op. 144a wird eine Vertonung von Eichendorffs *Der Einsiedler* für Bariton, Chor und Orchester.

ABGESANG IM KLARINETTENQUINTETT

Anfang August 1915 hatte Reger gegenüber Straube angekündigt, ein Klarinettenquintett komponieren zu wollen. Es sollte sein letztes vollendetes Werk werden, dessen Niederschrift und Vortragsbezeichnung sich bis zum Frühjahr 1916 hinzog, da ab Herbst 1915 wieder eine Periode der »wüstesten Konzertreiserei« begann. Er dirigierte seine *Mozart-Variationen*, oftmals kombiniert mit der heute vergessenen, damals unter kriegsbedingter Hochkonjunktur blühenden *Vaterländischen Ouvertüre*. Als Solist trat er zumeist in Bachs d-Moll-Klavierkonzert BWV 1052 auf, außerdem in zahllosen Kammermusik- und Klavierabenden. An Adolf Wach schrieb er, dass er im neuen Jahr 1916 »vom 1. Januar bis 1. April keine zehn Tage zu Hause sein werde«.

Bei aller Originalität atmet das Klarinettenquintett doch, in Zitaten und Gestus hörbar, den Geist der beiden großen Vorbildwerke, ebenfalls späte Schöpfungen derjenigen Komponisten, auf die sich Reger (nach Bach) immer wieder berufen hatte: Mozart und Brahms. Das Quintett ist ein Werk beinahe schon weltabgewandter Gelassenheit, das dem kraftmeiernden »Leistungsethiker« Reger so gar nicht mehr zu entsprechen scheint: Alle vier Sätze verklingen im zartesten dreifachen Piano.

Am 1. Mai 1916 geht das Werk zum Druck an Simrock, und am selben Tag schreibt Reger an den Geiger Adolf Busch, mit dem er in den vergangenen Monaten zahlreiche Konzerte gegeben hatte, über eine neue Komposition: »Ich habe Adagio u. Rondo capriccioso für Solovioline mit Begleitung von kleinem Orchester schon in Arbeit.« Dem Verleger Hinrichsen, der sein (nach Regers Meinung zu langes und zu dick instrumentiertes)

Violinkonzert op. 101 verlegt hatte, bot er wenige Tage später das entstehende Werk als »Andante u. Rondo capriccioso« an und schrieb dazu, er habe die beiden Fehler des Violinkonzerts nicht wiederholt: »1.) die Sache ist knapp u. 2.) die Sache ist so dünn instrumentiert, daß der Solist nie ›gedeckt‹ werden kann auf Grund meiner Erfahrungen, die ich gründlichst in Meiningen gemacht habe.« Doch diese Komposition sollte er nicht mehr vollenden können.

REGERS TOD IN LEIPZIG

Am 10. Mai 1916, einem Mittwoch, ist Reger in Leipzig zum Unterricht. Er logiert, wie immer, wenn er dort übernachtet, im Hotel Hentschel. Abends ist er bei seinem Verleger Hinrichsen zum Essen eingeladen, verabschiedet sich aber vor 22 Uhr, da er noch im Café »Hannes«, dem beim Konservatorium gelegenen Stammlokal der Leipziger Musiker, mit Straube, Anschütz und anderen Freunden verabredet ist. Gegen 23 Uhr wird er dort von heftigem Unwohlsein mit Magenbeschwerden und Schweißausbrüchen befallen. Ein herbeigerufener Arzt verabreicht ihm zur Schmerzlinderung eine Morphinspritze, und als sich die Beschwerden bessern, bringt ihn Straube in einer Autodroschke ins Hotel. Am nächsten Morgen, Donnerstag 11. Mai, sucht der Arzt Reger gegen 9:30 Uhr im Hotelzimmer auf und findet ihn tot vor – »im Bett, scheinbar die Zeitung lesend, bei brennender Tischlampe«.

Adolf Wach schreibt noch am Todestag an seinen Schwager Albrecht Mendelssohn Bartholdy: »Ich komme eben von Regers Totenbett. Er lag noch so, wie man ihn am Morgen gefunden hatte: etwas tief herabgesunken, aber nicht übergebeugt, auf dem Rücken, ohne irgendwelche Spuren eines Kampfes oder einer Not; in der Hand eine Zeitung. Der rechte Arm ist herabgesunken gewesen; den hatte man hinaufgelegt. Das Licht hatte am Morgen noch gebrannt. Das alles deutet auf einen plötzlichen, schmerzlosen Tod. Am Abend war er mit Anschütz und einigen anderen Herren bei ›Hannes‹ zusammen gewesen, und da hat es ihn überfallen; Atemnot, Angstschweiß, so daß Straube […] den Arzt Jerome Lange rief. Der kam auch

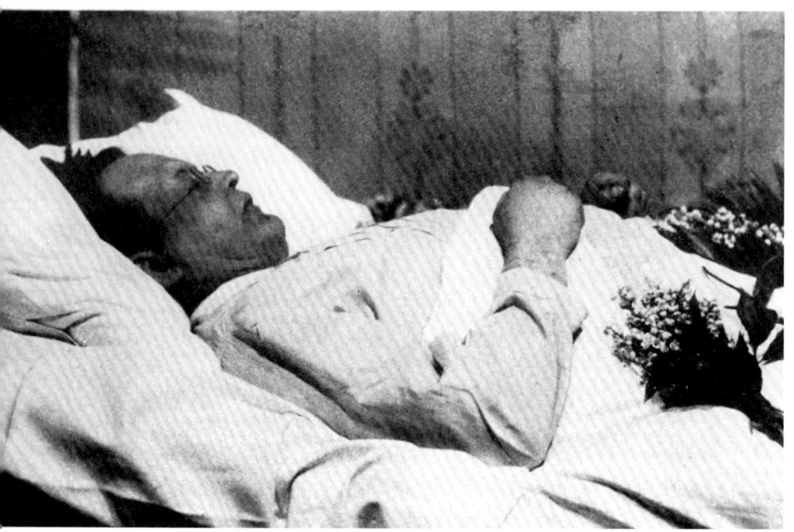

Reger auf dem Totenbett in Leipzig, 1916

gleich, untersuchte, fand angeblich das Herz in Ordnung, gab aber Morphium. Als er heute früh wiederkehrte, fand er die Leiche noch warm, so daß er annimmt, der Tod sei etwa drei Stunden vorher eingetreten.«

Wie zur Bestätigung, dass das Thema Tod sich als Cantus firmus durch Regers Geisteswelt und Schaffen zieht, lag auf dem Tisch ein Korrekturexemplar der *Acht geistlichen Gesänge* op. 138, deren erster einen Text nach Matthias Claudius vertont: *Der Mensch lebt und bestehet nur eine kurze Zeit*.

SPEKULATIONEN UM TODESAHNUNGEN

Verschiedentlich wollen Zeitgenossen von Regers Vorahnungen eines frühen Endes gewusst haben. So erschien kurz nach seinem Tod, am 14. Mai 1916, in der Sonntagsausgabe des »Neuen Wiener Tagblatts« der Bericht über eine angebliche Beichte, die er voller Todesangst und Vorahnung abgelegt habe, und zwar während seiner letzten Hollandreise im März 1916 in einem Hotel in Amsterdam, nachts bei einem zufällig anwesenden österreichischen Priester. Sollte dem tatsächlich so gewesen und das

Beichtgespräch nicht nur einer (durch belegt hohen Alkoholkonsum hervorgerufenen) Stimmung gefolgt sein, so wäre dies dennoch nicht unbedingt der Beweis für eine akute Todesahnung. Fritz Stein jedenfalls hält die Gewissheit eines nahen Todes für ausgeschlossen, da Reger zwei Wochen vor seinem Tod noch gesagt habe: »Jetzt werde ich erst anfangen zu leben und zu arbeiten. Nun werde ich erst meine großen Kompositionspläne verwirklichen. Nur einmal noch in der Woche will ich nach Leipzig ins Konservatorium fahren, denn meine lieben Schüler will ich nicht aufgeben.« Im April habe er seinen Vertrag mit dem Konservatorium bis 1923 verlängert und auch über die Gründung und Leitung eines Orchesters verhandelt, das, seinerzeit eine gängige Finanzierungsbasis, im Winterhalbjahr für Konzerte in Jena angesiedelt sein sollte und im Sommer als Kurorchester in Bad Nauheim fungieren würde. (Die Jenaer Philharmonie wurde erst 1934 gegründet.)

BESTATTUNG UND GEDENKEN

Regers testamentarisch bestimmte Einäscherung, eine vergleichsweise moderne Bestattungsform, fand am 14. Mai 1916 im Krematorium auf dem Nordfriedhof in Jena im Rahmen einer großen, musikalisch umrahmten Feier statt. Die Witwe Elsa bewahrte die Urne zu Hause auf, zog aber 1922, nachdem sie sich mit der Stadt Jena überworfen hatte, die Klassikerstadt Weimar als Witwensitz vor, wo die Urne am sechsten Todestag ihres Mannes der Erde übergeben wurde. In der Annahme, dort endlich angemessen gewürdigt zu werden, zog Elsa 1929 nach München um; Regers Umbettung in eine Ehrengrabstätte auf dem dortigen Waldfriedhof (Alter Teil, 131-W-14) erfolgte 1930 an seinem 14. Todestag.

1937 wurde in Meiningen im Englischen Garten unweit des Theaters das weltweit erste Reger-Denkmal eingeweiht. Eine Büste Regers fand am 19. März 1948, seinem 75. Geburtstag, Eingang in den deutschen »Ruhmestempel«, die Walhalla bei Regensburg. In der »Max-Reger-Stadt« Weiden erinnert nicht nur eine Tafel am Wohnhaus der Familie an den großen Sohn der Stadt, sondern 1957 wurde dort ebenfalls ein Denkmal errichtet;

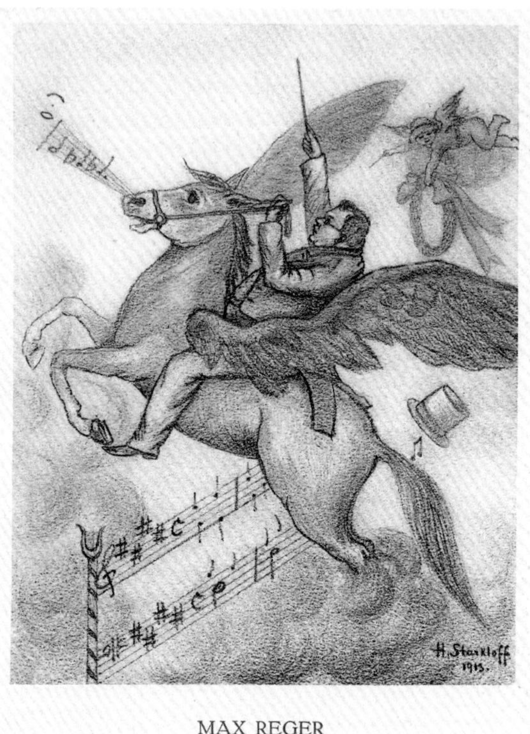

Reger auf dem Pegasus, die Grenzen der Konvention überspringend; aus den Nüstern schnaubt der Pegasus den Symphonischen Prolog zu einer Tragödie op. 108; die Hürde ist aus dem Thema der Hiller-Variationen op. 100 gebildet. – Bleistiftzeichnung von Hugo Starkloff, 1913 als Postkarte veröffentlicht

die Weidener Max-Reger-Tage pflegen das Werk des Komponisten. Sein Sterbehaus, das Hotel Hentschel in Leipzig, wurde im Zweiten Weltkrieg zerstört. Seit 2016 befindet sich in der Nähe des Gewandhauses, an der Ecke Roßplatz/Goldschmidtstraße (in der das Mendelssohn-Haus liegt), eine Gedenktafel.

Elsa Reger, die 1929 nach München gezogen war, musste im Zweiten Weltkrieg ihre Wohnung aufgrund von Bombenschäden verlassen und zog 1946 zu Verwandten nach Bonn. Am 3. Mai 1951 starb sie dort im Alter von 80 Jahren und wurde auf eigenen Wunsch auf dem Alten Friedhof in der Nähe von Beethovens Mutter in einem Ehrengrab beigesetzt.

Max-Reger-Archiv/Meininger Museen

Nach Max Regers Tod hatte seine Witwe Elsa im Jenaer Haus ein Archiv zum Erhalt von dessen künstlerischem Nachlass gegründet. Da sie jedoch von offizieller Seite zu geringes Entgegenkommen bei der Pflege seines geistigen Erbes erfuhr, überließ sie es 1922 dem Land Thüringen, womit der Nachlass im Schlossmuseum Weimar untergebracht wurde.

Nach der kriegsbedingten Auslagerung wurde 1946 mit der Zustimmung Elsa Regers verfügt, den Nachlass an die frühere Wirkungsstätte ihres Mannes in Meiningen zu überführen. Dort wird seither sein Andenken im Schloss Elisabethenburg im Rahmen der gloriosen Meininger Musikgeschichte nicht nur museal mustergültig gepflegt, sondern das Archiv ist mit den vom Dirigenten Reger benutzten Aufführungspartituren und seinen Briefen eine attraktive Forschungsstätte. Das benachbarte Thüringische Staatsarchiv bildet mit den Akten der Hofkapelle, der herzoglichen Verwaltung und der Privatkorrespondenz zwischen Georg II. und Reger eine ideale Ergänzung.

In den schwierigen Jahren der deutschen Teilung gelang es Herta Müller, der langjährigen Leiterin des Meininger Archivs, mit dem damals noch in Bonn ansässigen Max-Reger-Institut zusammenzuarbeiten. Inzwischen hat das Archiv unter der Leitung von Dr. Maren Goltz viele seiner Inhalte virtuell im Internet erschlossen; beispielsweise kann man im Inventar von Regers riesigem Notenschrank stöbern und auch in seinen Partituren blättern. Darüber hinaus sind das Städtchen, die Museen und das idyllisch gelegene ehemalige Herzogtum Meiningen als Kulturlandschaft immer eine Reise wert.

Zeittafel

1873	Johann Joseph Maximilian Reger in Brand/Oberpfalz am 19. März geboren
1874	Umzug der Familie nach Weiden
1879	Einschulung gleich in die zweite Klasse der Volksschule; Klavierunterricht bei der Mutter
1882–86	Besuch der Realschule in Weiden
ab 1884	Klavier- und Orgelunterricht bei Adalbert Lindner
1886–89	Besuch der Präparandenschule; Orgelspiel im Gottesdienst
1887	Erster Auftritt als Pianist
1889	Aufnahmeprüfung für das Lehrerseminar in Amberg; Entschluss zum Musikstudium
1890	Studium bei Hugo Riemann in Sondershausen; Umzug mit ihm nach Wiesbaden
1896	Brieflicher Kontakt mit Johannes Brahms
1896/97	Militärdienst als Einjährig-Freiwilliger
1897	Uraufführung der Orgelsuite op. 16 durch Karl Straube; Beginn der lebenswichtigen Freundschafts- und Arbeitsbeziehung mit dem späteren Thomaskantor
1898	Rückkehr nach Weiden ins Elternhaus
1901	Umzug der gesamten Familie nach München
1902	Hochzeit mit Elsa von Bagenski
1905	Theorie- und Orgellehrer an der Münchner Akademie der Tonkunst
1906	Triumphale Konzerterfolge im Dezember in St. Petersburg
1907	Umzug mit Elsa nach Leipzig; Reger wird Universitätsmusikdirektor und Kompositionslehrer am Königlichen Konservatorium. Pflegetochter Christa kommt in die Familie (1908 adoptiert); Ernennung zum Professor
1908	Dr. phil. h. c. der Universität Jena; Aufnahme der Pflegetochter Charlotte (Lotti, Adoption 1910)
1909	Konzertreise nach London im Mai

1910 Dreitägiges Reger-Fest in Dortmund im Mai; große Werkschau von fünf Konzerten mit Kompositionen Regers

1911 Reger wird Hofkapellmeister in Meiningen; Wohnhaus: Marienstraße 6

1912 Dr. med. h. c. der Berliner Universität

1913 Herzog Georg II. verleiht Reger den Titel »Generalmusikdirektor«

1914 Zusammenbruch in Hagen am 28. Februar während einer Orchestertournee; Sanatoriumsaufenthalt bei Meran; Rücktritt vom Meininger Amt

1915 Umzug nach Jena, Kauf des Hauses Beethovenstraße 2

1916 Tod in Leipzig am 11. Mai; Einäscherung und Beisetzung in Jena am 14. Mai

1930 Umbettung der Urne am 11. Mai auf den Waldfriedhof München

1948 Einweihung der Büste Regers in der Walhalla bei Regensburg am 19. März

2016 Enthüllung einer Gedenktafel in Leipzig anlässlich Regers 100. Todestags

Wichtigste Werke

1890 Violinsonate d-Moll op. 1 (1892 Regers erstes gedrucktes Werk)

1894/95 Orgelsuite e-Moll op. 16

1898 Choralphantasie für Orgel *Ein' feste Burg ist unser Gott* op. 27; *Phantasie und Fuge c-Moll* op. 29 für Orgel

1900 *Phantasie und Fuge über B-A-C-H* op. 46 für Orgel

1901 *Symphonische Phantasie und Fuge (»Inferno«-Phantasie)* op. 57 für Orgel

1903 Violinsonate C-Dur op. 72; *Variationen und Fuge über ein Originalthema* fis-Moll op. 73 für Orgel

1903/04 Streichquartett d-Moll op. 74

ab 1903 *Schlichte Weisen* op. 76 (sechs Bände)

1904 Serenade für Flöte, Violine und Viola D-Dur op. 77a; Streichtrio a-Moll op. 77b; *Variationen und Fuge über ein Thema von J. S. Bach* für Klavier op. 81; *Variationen und Fuge über ein Thema von Beethoven* für zwei Klaviere op. 86

1904/05 Sinfonietta A-Dur op. 90 für Orchester

1905/06 Serenade G-Dur op. 95 für Orchester

1907 *Variationen und Fuge über ein (lustiges) Thema von J. A. Hiller* op. 100 für Orchester

1907/08 Violinkonzert A-Dur op. 101

1908/09 *Der 100. Psalm* op. 106 für gemischten Chor, Orchester und Orgel; Klarinettensonate B-Dur op. 107

1909 Streichquartett Es-Dur op. 109

1910 Klavierquartett d-Moll op. 113; Klavierkonzert f-Moll op. 114; Violoncellosonate a-Moll op. 116; Streichsextett F-Dur op. 118

1911 Streichquartett fis-Moll op. 121

1912 *Drei geistliche Gesänge* op. 110 für gemischten Chor a cappella; *Konzert im alten Styl* op. 123 für Orchester; *An die Hoffnung* (Hölderlin) op. 124 für Mezzosopran und Orchester; *Eine romantische Suite* op. 125 für Orchester

1913 *Vier Tondichtungen nach Arnold Böcklin* op. 128 für Orchester; *Eine Ballett-Suite* op. 130 für Orchester

1914 *Variationen und Fuge über ein Thema von Mozart* op. 132 für Orchester; Klavierquartett a-Moll op. 133; *Acht geistliche Gesänge* op. 138 für gemischten Chor

ab 1914 Orchestrierung von Klavierliedern von Franz Schubert, Robert Schumann, Johannes Brahms u. a.

1915 Violinsonate c-Moll op. 139; Serenade d-Moll op. 141a für Flöte, Violine und Viola; Streichtrio d-Moll op. 141b

1916 Klarinettenquintett A-Dur op. 146

Literaturauswahl

ADORNO, Theodor W.: Musikalische Schriften I–VI, Frankfurt 2003

BERRSCHE, Alexander: Trösterin Musika. Gesammelte Aufsätze und Kritiken, München 1942

BROTBECK, Roman: Zum Spätwerk von Max Reger. Fünf Diskurse, Wiesbaden 1988

CADENBACH, Rainer: Max Reger und seine Zeit, Laaber 1991

CHARRY, Michael: George Szell – A Life of Music, Chicago 2011

HUBER, Bernhard M.: Max Reger – Dokumente eines ästhetischen Wandels. Die Streichungen in den Kammermusikwerken, Stuttgart 2008 (Schriftenreihe des Max-Reger-Instituts, Bd. XX)

MÜLLER, Herta: »... dass ich nie mehr in eine Stadt gehen werde, wo ein ›Hof‹ ist ...« Max Reger am Meininger Hof im Konflikt zwischen Zielen und Pflichten. In: Reger-Studien 7. Festschrift für Susanne Popp, Stuttgart 2004. (Schriftenreihe des Max-Reger-Instituts, Bd. XVII, S. 391–456)

MUELLER VON ASOW, Hedwig und E. H.: Max Reger. Briefwechsel mit Herzog Georg II. von Sachsen-Meiningen, Weimar 1949

POPP, Susanne: Max Reger. Werk Statt Leben. Biographie, Wiesbaden 2015. – Dies. mit Shigihara, Susanne: Max Reger. Am Wendepunkt zur Moderne. Ein Bildband mit Dokumenten aus den Beständen des Max-Reger-Instituts, Bonn 1987

POPPEN, Hermann: Max Reger, Leipzig 1918

REGER-WERK-VERZEICHNIS (Thematisch-chronologisches Verzeichnis der Werke Max Regers und ihrer Quellen), Hg. Max-Reger-Institut/Susanne Popp, München 2010

MAX REGER – Spuren in Regensburg. Begleitheft zur Ausstellung in der Bischöflichen Zentralbibliothek Regensburg, Regensburg 2016

STRAUBE, Karl: Briefe eines Thomaskantors, Stuttgart 1952

Veröffentlichungen des Max-Reger-Instituts, u. a. Briefe an Fritz Stein (Bonn 1981), Karl Straube (Bonn 1986)

SCHWALB, Michael: Zufall und Schicksal – Zur Entstehung von Max Regers Meininger Orchesterwerken. Mitteilungen der Internationalen Max Reger Gesellschaft 14 (2007)

SCHREIBER, Ottmar: Max Reger in seinen Konzerten (3 Bände), Bonn 1980/81

REINHARDT, Klaus: Ein Meininger Musiker an der Seite von Brahms und Reger. Das Wirken des Cellisten und Dirigenten Karl Theodor Piening (1867–1942), Hannover 1991

STEIN, Fritz: Max Reger, Potsdam 1939

UNGER, Hermann: Max Reger. Mensch und Werk, Lohmar o. J. (1998)

WIRTH, Helmut: Reger. rororo Monographien 206, Reinbek 1973

EINSPIELUNGEN/CDS

Welte-Mignon-Aufnahmen mit Max Reger:
- als Pianist: The Welte Mignon Mystery Vol. V; Tacet 0152
- als Organist: The Britannic Organ Vol. 8; Oehms Classics OC 847

Regers gesamtes Klavierwerk ist hingebungsvoll eingespielt von Markus Becker bei Thorofon.

Die Orchesterwerke finden in dem großen Dirigenten Horst Stein und seinen Bamberger Symphonikern eine blühende Darstellung. Regers Kammermusik hat bei Dabringhaus und Grimm eine sorgfältige Edition erfahren, und der Lieder nimmt sich Frauke May mit ihrem Klavierpartner Bernhard Renzikowski an (Arte Nova).

Bei den Aufnahmen des Orgelwerks herrscht die Qual der Wahl: Zum Reger-Jubiläumsjahr 2016 sind u. a. die Gesamtaufnahmen von Bernhard Buttmann und Martin Schmeding vollendet.

DVD

Maximum Reger: 6 DVDs mit 15 Stunden Inhalt; 3 DVDs Dokumentation, 3 DVDs mit 12 Stunden verfilmter Musik; Fugue State Films (Vertrieb: Naxos)

INFORMATIONEN IM INTERNET

www.max-reger-institut.de
www.imrg.de
www.musikgeschichte-meiningen.de/max-reger-archiv.html

Bildnachweis

Bayerische Staatsbibliothek, München: 120
Dritte Musikalische Veröffentlichung des Max-Reger-Instituts Bonn, Breitkopf & Härtel, Wiesbaden, 1973: 44/45
Kulturstiftung Meiningen-Eisenach, Sammlung Musikgeschichte: 99
Max-Reger-Archiv Karlsruhe: 11, 12, 16, 25, 37, 51, 65, 73, 78, 83, 87, 95, 97, 102, 108, 134, 136
Sommer Fahrplan Thüringen 1911, 2. Auflage, Verlag Rockstuhl, Bad Langensalza, 2007: 105

Umschlagmotive: vorne: Max Reger am Flügel (Max-Reger-Archiv Karlsruhe); hinten: Max Reger, schreibend. – Ölgemälde von Franz Nölken, 1913 (akg-images)

Dank

Die Drucklegung des Buches wurde in großzügiger Weise gefördert von der Ernst-Pietsch-Stiftung, Deggendorf.

Bibliografische Information der Deutschen Nationalbibliothek
Die Deutsche Nationalbibliothek verzeichnet diese Publikation in der Deutschen Nationalbibliografie; detaillierte bibliografische Daten sind im Internet über http://dnb.dnb.de abrufbar.

ISBN 978-3-7917-2877-3

Reihen-/Umschlaggestaltung und Layout: Martin Veicht, Regensburg
Satz: Vollnhals Fotosatz, Neustadt a. d. Donau
Druck und Bindung: Friedrich Pustet, Regensburg
Printed in Germany 2018

Diese Publikation ist auch als eBook erhältlich:
eISBN 978-3-7917-6126-8 (epub)

Weitere Publikationen aus unserem Programm finden Sie auf www.verlag-pustet.de
Informationen und Bestellungen unter verlag@pustet.de